金沢検定

予想問題集

2020

CONTENTS
目次

※本書では敬称を略させていただきました。
　問題、解説などは2020年5月現在、一般に広く認識されている
　説、見解に基づいています。

金沢
検定
予想問題集
2020

金沢検定とは

　金沢検定は、金沢に関する歴史や文化、経済、産業など、さまざまな分野から、「金沢通」の度合いを認定する検定試験です。金沢の魅力を国内外に発信し、歴史、伝統、文化に彩られた金沢という都市が持つブランド力をさらに高め、金沢の歴史や文化を学び、ふるさとへの愛着と誇りを再認識する機会になることを願って行われています。

第16回金沢検定　実施要項 ━━━━━━━━━

主催：一般社団法人金沢経済同友会

実施日時

2020（令和2）年10月31日（土）
午前10時30分～正午（90分）

申込期間

2020（令和2）年6月1日（月）～ 10月7日（水）

※期間中に申し込みができなかった方のために、初級に限り、
　当日受付が行われる予定。

予定試験会場

北國新聞会館、石川県教育会館、ITビジネスプラザ武蔵、野村證券金沢支店、金沢商工会議所、アパ金沢ビル、TKP金沢新幹線口会議室（井門金沢ビル）、本多の森会議室、金沢歌劇座、金沢電気ビル、澁谷工業ＭＣセンター、石川県地場産業振興センター、金沢学院大学など

出題範囲

歴史、文学、寺社・建造物（神社、仏閣、史跡、庭園）、金沢ことば、伝説、生活・行事（祭り、ならわし、料理、菓子）、自然・地理（地名）、美術・工芸（伝統工芸、伝統文化）、芸能、産業・経済、その他（まちづくり、観光、ふるさとの偉人）などの分野から合計100問が出題されます。
四者択一・マークシート方式で、各級80点以上が合格となります。

出題程度・内容

初級 金沢の歴史、文化などに基本的な知識がある。

中級 金沢の歴史、文化などにある程度の知識がある。

上級 金沢の歴史、文化などに高度な知識がある。

検定料（税込み）

初級 大人 1,000円、中学生以下　500円

中級 大人 1,500円、中学生以下　800円

上級 大人 2,000円、中学生以下 1,000円

※申込締め切り日までに検定料を納付しないと受験できません。
※上級試験を受験できるのは、過去の中級合格者に限ります。

問い合わせ先

（一社）金沢経済同友会内　金沢検定試験実行委員会

TEL：076（232）0352

FAX：076（232）1533

（午前9時30分〜午後5時、土・日・祝日を除く）

URL：http://www.kanazawa-kentei.com

E-mail：info@kanazawa-kentei.com

合格者に
交付される
バッジ

上級 　中級 　初級

第15回金沢検定　試験結果 ━━━━━━━━━━

第15回金沢検定は2019（令和元）年11月4日に実施され、下記の結果となりました。

	受験者（人）	合格者（人）	合格率	最高点	平均点
初級	2699	538	19.9%	99	61.4
中級	395	56	14.2%	94	56.5
上級	109	21	19.3%	90	63.1
合計	3203	615	—	—	—

	第1回合格率	第2回合格率	第3回合格率	第4回合格率	第5回合格率	第6回合格率	第7回合格率	第8回合格率	第9回合格率	第10回合格率	第11回合格率	第12回合格率	第13回合格率	第14回合格率
初級	5.6%	13.9%	19.9%	9.3%	20.5%	5.7%	14.4%	5.2%	6.9%	14.1%	26.0%	12.1%	5.4%	2.5%
中級	2.2%	18.8%	30.9%	30.7%	17.7%	4.9%	23.8%	5.1%	6.0%	18.7%	13.9%	4.9%	3.3%	0.8%
上級	–	13.3%	4.3%	2.8%	0.5%	4.2%	17.1%	2.8%	6.7%	2.6%	0.0%	1.3%	12.4%	0.0%

年代別

	初　　級		中　　級		上　　級	
年　代	受験者（人）	合格者（人）	受験者（人）	合格者（人）	受験者（人）	合格者（人）
9歳以下	1	0	0	0	0	0
10〜19歳	52	5	4	0	0	0
20〜29歳	627	41	7	1	0	0
30〜39歳	589	63	41	1	2	0
40〜49歳	741	125	101	7	15	1
50〜59歳	481	166	117	15	21	1
60〜69歳	160	100	88	24	25	7
70〜79歳	42	34	34	8	42	12
80〜89歳	5	4	3	0	4	0
90歳以上	1	0	0	0	0	0
合　計	2699	538	395	56	109	21

本書を活用する前に

　金沢検定は2005（平成17）年に第1回を実施し、昨年までに15回を数えます。

　この間に、毎回、初・中級には各100問ずつ、中級合格者のみに受験資格がある上級には第2回から100問ずつ出題され、これまでに**初級は1500問、中級も1500問、そして上級は1400問、合わせて4400問が出されました。**これは大変な数です。

「基本は過去問にあり」

　これだけの「過去問」があるということは、少なくとも初・中級は過去問の傾向を探り、合格への対策を立てることができます。

　上級はさらに深掘りした問題が続くでしょう。しかし、「基本は過去問にあり」です。

　本書では、第1回からの過去問を洗い直して、初級・中級では、これだけは知っておきたい問題、あるいは正答率が約20％から約70％の問題を中心に、よりすぐりました。11のジャンルから計340問を載せています。この問題集に挑んでみて「まったく歯がたたない」と感じた人は、まず基礎知識をしっかり勉強するのが合格への近道です。

予想問題集と参考書で勉強

　予想問題には、少しですが、上級向けも交じっています。

　いずれにせよ、各級合格の近道は本書で過去問の傾向を探り、「よく分かる金沢検定受験参考書」で基礎知識を身に付けるとともに、応用力を養うことです。以下に、予想問題集と参考書の効果的な勉強法を示します。

歴史など3ジャンルから出題の4割強

　近年の過去問は①最近の話題②歴史③史跡・庭園・地理④寺社・建造物⑤食文化・ならわし⑥美術・工芸⑦芸能⑧文学・文芸⑨金沢ことば⑩ゆかりの人物の各分野から一定割合で出されています。

　初級、中級の場合、おおむね以下のような問題数の割り振りとなります。

① 　5～10問

② 　20～25問

③ 　　　20問
④

⑤ 　10～15問

⑥ 　　　10問
⑦

⑧ 　10～15問

⑨ 　5問

⑩ 　10～15問

　上級では①が5問、②が25問、⑩が10問でほかのジャンルで調整します。ということは、②歴史③史跡・庭園・地理④寺社・建造物で40問から45問と100問のうち40～45％を占めています。したがってこの3分野は厚く勉強するのが得策です。

　予想問題集はジャンル別になっています。出題形式は4択で本番と同じです。

　ここで大事なのは、答え欄の説明文です。知らないことがあったら、覚えてください。また、4択のうち、正解でない3つについても人名などは、自分で調べ、知識を深めるとよいでしょう。

「最近の話題」は新聞切り抜きで

予想問題集筆頭の「最近の話題」は、2019（令和元）年11月から20（同2）年5月10日までの北國新聞記事などを参考にしました。

最近の話題は北國新聞を切り抜いて勉強するとよいでしょう。朝刊の1面、社会面、金沢版などに大きく扱われた地域の話題は要チェックです。20年6月から10月くらいまでは、マイ切り抜き帖を作成し勉強してはいかがでしょうか。

☑の項目は必須

次に金沢検定受験参考書をどう活用するかです。参考書の構成はⅠ.加賀藩主とその家族たち　Ⅱ.加賀藩政のポイント　Ⅲ.金沢城と兼六園　Ⅳ.成り立ちと街並み　Ⅴ.まちづくりと市政　Ⅵ.美術工芸　Ⅶ.文学　Ⅷ.芸能・スポーツ　Ⅸ.偉人・著名人　Ⅹ.食・年中行事・方言・民話となっています。

各章にはⅠなら「織田家臣団の武将利家」などと大見出しがあり、その中に☑マークの「前田利昌の4男／尾張国荒子で生まれる」などの中見出し付きの説明文があります。この内容は、初級・中級を受ける人には必須の基礎知識です。

CHECK こぼれ話 も大切

さらに CHECK① や CHECK②、たまに CHECK③ あるいは こぼれ話 といったコラムがありますが、これらも初・中級受験者、特に中級受験者にとってはポイントです。

また、一覧表がよく出てきますが、これらもくまなく覚えるとよいでしょう。

現地に足運び、現物を見る

　　知識を裏打ちするには現地に足を運び、現物を見るのが一番です。上級合格者に金沢市の観光ボランティアガイドの「まいどさん」が多かったのは、そのためだとも言われています。

　　例えば、金沢城や兼六園は予想問題集や受験参考書をあらかじめチェックしておき、それらを手に現地に足を運ぶとよいでしょう。知識に血が通い、新たな発見があるかも知れません。

予想問題集と参考書をセットで

　　上級受験者は、過去問を徹底的に覚える必要があります。予想問題集はここ3年分は北國新聞社出版局に在庫があります。全予想問題集は市内の県立図書館、市立図書館などにそろっています。

　　「金沢検定予想問題集」と「よく分かる金沢検定受験参考書」に加えて末尾の参考図書は重要です。特に上級受験者は、北國新聞社の季刊文芸雑誌「北國文華」のバックナンバーもできる限り熟読して、知識の幅を広げましょう。

　　<u>とにかく、愚直に勉強するのが合格への近道です。がんばってください。</u>

金沢検定
予想問題集
2020

問1

金沢市は2020（令和2）年4月下旬、新型コロナウイルス対応の最前線で働く医療従事者に感謝を示すため、金沢駅鼓門（つづみもん）を（　）色にライトアップした。

① 赤　　② 緑

③ 青　　④ オレンジ

問2

工芸王国石川を世界に発信する拠点の国立工芸館（東京国立近代美術館工芸館）には、「漆聖（しっせい）」とたたえられた金沢市出身の（　）の工房が展示される。

① 松田権六（ごんろく）　　② 大場松魚（しょうぎょ）

③ 木村雨山（うざん）　　④ 氷見晃堂（ひみこうどう）

問3

東京から金沢市出羽町に移転開館する国立工芸館の名誉館長に、元サッカー日本代表の（　）が就任する方向で最終調整に入った。

① 本田圭祐（けいすけ）　　② 中田英寿（ひでとし）

③ 香川真司（しんじ）　　④ 中村憲剛（けんご）

問4

高岡生まれで金沢育ちの世界的化学者、高峰譲吉博士が米・ニューヨーク郊外に設けた別荘「（　）」の一部が高岡市に移築された。

① 松楓殿（しょうふうでん）　　② 松柏殿（しょうはくでん）

③ 竹楓殿（ちくふうでん）　　④ 梅松殿（ばいしょうでん）

答
1

③ 青

鼓門は様々な色でライトアップできる機能を備えており、イベント内容に応じて金沢の玄関口のシンボルを夜空に色鮮やかに照らし出す。今回はコロナウイルス禍が後を絶たない折、駅や教会などを青色の照明で照らし医療従事者にエールを送った。欧米発祥の「ブルーライトアップ」を金沢市が企画し、実施した。

答
2

① 松田権六

松田権六は金沢出身の蒔絵（まきえ）の人間国宝（重要無形文化財保持者）で、日本芸術院会員、文化勲章受章者という不世出の巨匠。松田の内弟子である大場松魚は、漆芸でも「平文（ひょうもん）」の第一人者で、金沢市出身の蒔絵の人間国宝。木村雨山は金沢市出身の加賀友禅の人間国宝。氷見晃堂は木工芸の人間国宝だった。

答
3

② 中田英寿

中田氏は2006年の引退後、自身が代表を務める財団で伝統文化、工芸などを支援するプロジェクトを始め、日本の伝統の技に触れるため、全国各地を回っている。09年には金沢21世紀美術館で開かれた「金沢・世界工芸トリエンナーレ2010」のプレイベントに訪れ、金沢の文化活動に関心を寄せた。

答
4

① 松楓殿

高岡市の高岡商工ビルに移築、常設されたのは、松楓殿のメインゲストルーム「松楓の間」。室内を飾った品々も高岡に「里帰り」し、2020年3月、期間限定で公開された。数ある美術品の中で、金色に輝く「春日式椅子（いす）」が注目を集めた。日本の欄間（らんま）彫刻の技術と、アール・ヌーボー様式の融合がみられる。

問5

JA金沢市は、地元野菜を生産者の顔が見える形で紹介するための、動画制作に乗り出した。第一弾は加賀野菜の（　　）である。

① 五郎島金時（きんとき）　　② 加賀太きゅうり

③ 源助だいこん　　④ 打木赤皮甘栗かぼちゃ（うつぎ）

問6

今夏復元整備された金沢城 鼠多門（ねずみ た もん）の（　　）には、特徴の一つの黒漆喰（くろじっくい）が塗られている。

① 築地塀（ついじべい）　　② 武装塀

③ 海鼠壁（なまこかべ）　　④ 化粧壁

問7

2020（令和2）年春、農事組合法人「大場坊主の里」（おお ば ぼうず）が管理する金沢市大場町の水田で、石川県のブランド米（　　）が田植えされた。

① ひゃくまん穀（ごく）　　② 新コシヒカリ

③ ひゃくまんさん　　④ ほほほの穂

問8

金沢学院大が主催する第26回島清恋愛文学賞（しませ）は、（　　）さんの「生（き）のみ生のままで」に決まった。

① 綿矢りさ（わた や）　　② 三浦しおん

③ 山崎ナオコーラ　　④ 桜木紫乃（し の）

② 加賀太きゅうり

新型コロナウイルスの感染拡大で、生産者が例年、全国の消費地や地元スーパーで取り組む広報活動の中止が相次いだため、青果の特長や料理法を動画投稿サイト「YouTube」で配信し、全国にＰＲすることにした。動画はＪＡ金沢市ふれあい課広報の元女性アナが経歴を生かし、司会から編集まで手掛けた。

③ 海鼠壁

金沢城は、壁面や 鉛 瓦 に白色が勝り「白の城」といわれる。したがって城郭の建造物で鼠多門のように海鼠壁に黒漆喰を塗る意匠は珍しい。鼠多門は一説には鼠色の海鼠壁を持っていた城門だったのが、その名の由来とされている。海鼠壁の由来は目地の部分がナマコの体形に似ていることからと言われる。

① ひゃくまん穀

「ひゃくまん穀」は県の新ブランド米として３年前に開発された。一般家庭のコメ消費が伸び悩む中、外食や中食の分野への販売開拓を期して、目下、作付け面積を拡大中である。ひゃくまん穀の収穫は、2017年度約250㌶、1300㌧だったが、19年度は1100㌶、約5700㌧に拡大し、順調な滑り出しである。

① 綿矢りさ

綿矢りさは1984(昭和59)年、京都市生まれ、早稲田大卒の小説家。高校在学中の2001(平成13)年、「インストール」で第38回文藝賞を受賞。大学２年の04(同16)年、「蹴りたい背中」で芥川賞を最年少受賞し、ベストセラーになった。12年には大江健三郎賞も。18年から泉鏡花文学賞の選考委員を務めている。

問9

寺中町の大野湊神社は、敷地内にある、既設の金石出身の実業家（　）の顕彰碑周辺を「記念緑地」として昨年、再整備した。

① 平沢嘉太郎　　② 木谷藤右衛門

③ 安宅弥吉　　　④ 鶴山庄松

問10

高岡市の和装学院と、金沢市に住む加賀友禅の伝統工芸士がタイアップして、2020年春、（　）の百万ドルの夜景をモチーフにした着物を制作した。

① 香港　　② リオデジャネイロ

③ 函館　　④ 神戸

問11

1964（昭和39）年の東京五輪で日本選手団長を務めた金沢出身の大島鎌吉氏の顕彰碑が、菩提寺である金沢・小立野の日蓮宗（　）に造られた。

① 天徳院　　② 如来寺

③ 経王寺　　④ 宝円寺

問12

金沢城二の丸御殿の復元整備で谷本正憲知事は、藩主が政務を執った（　）を優先する意向を示した。

① 奥向　　　　② 表向

③ 御居間廻り　④ 謁見之間

答
9

③ 安宅弥吉

大野湊神社には元々、拝殿を寄進した安宅家や、総合総社「安宅産業」を一代で築いた弥吉の功績から1957（昭和32）年に高さ6.6㍍の顕彰碑を建て、合わせて周囲の1652平方㍍を緑地としていた。ただ近年は、囲むように設けた池の危険性を指摘する声もあり、これを埋め立てて、憩える広場に変えた。

答
10

① 香港

これは、東京五輪・パラリンピックに出場する国・地域にちなんだ着物をつくる「KIMONOプロジェクト」の一環。加賀友禅伝統工芸士の大久保謙一さんは、香港の高層ビル群に黄金のドラゴンや香港原産の花「バウヒニアブラケアナ」をカラフルに描いた。また、伝統的な技法で、透明なビルの窓を表現した。

答
11

③ 経王寺

大島氏は、ロサンゼルス五輪で銅メダルを獲得したほか、陸上競技の世界記録を樹立するなど活躍。1982年にアジア人で初めての五輪平和賞を受けた。その功績を後世にと東京五輪開催に先立ち、経王寺の住職が発案、金沢市内に在住する大島氏の親族らが費用を工面し、大島家の墓に隣接して建立した。

答
12

② 表向

二の丸御殿は「寛永の大火」（1631年）を受け、それまで本丸にあった御殿を二の丸に移し、加賀藩政の中枢を担い続けた。宝暦、文化と2度の大火で焼けた。1810（文化7）年に再建された御殿は1881（明治14）年に旧陸軍の失火で焼失。復元にとって有力な史料が見つかったことから、一転、動き出した。

金沢城二の丸御殿の復元事業で、さらに追い風となったのが白山市内に現存する、城内の御殿で使われた（　　）の発見である。

① 六曲一双屏風　　② 井波欄間

③ 杉戸4枚　　　　④ 大衝立

加賀万歳保存会が金沢市金石地区の44の旧町名を歌詞に盛り込み、新たに制作した演目は（　　）である。

① 宮腰金石町尽くし

② かなざわ金石町づくし

③ 新旧金石町尽くし

④ 金石町づくし

16

金沢の海の玄関口・金沢港に2020（令和2）年春完成した国内外の観光客をもてなす県の施設は（　　）である。

① 金沢港観光ターミナル

② 金沢港クルーズターミナル

③ 金沢港シーサイドデッキ

④ 金沢港ポートターミナル

2020（令和2）年春、146年の歴史に幕を閉じた兼六園下の老舗印鑑店「観広堂 廣瀬印房」に掲げられていた木製看板は（　　）が揮毫したものである。

① 小松砂丘　　② 横西霞亭

③ 北方心泉　　④ 細野燕台

答13

③ 杉戸4枚

石川県金沢城調査研究所が白山市の民家で、金沢城で使われた杉戸4枚が保管されているのを発見した。引き手には、二の丸御殿の新史料に実物大で描かれ、加賀藩の工芸見本集「百工比照」にも収録される金具がはめられている。金沢城の出城であった、金谷御殿で使われた可能性が高いと見ている。

答14

④ 金石町づくし

加賀万歳保存会はこれまでも人気演目「町尽し」から発展させて、「令和金沢新名所づくし」などを制作し、金沢のまちづくりにエールを送ってきた。金石町づくしは、金石町校下町会連合会が2017（平成29）年から旧町名復活を働きかけ、18年11月から次々実現してきたのを記念して制作し披露している。

答15

② 金沢港クルーズターミナル

金沢港クルーズターミナルは、2020（令和2）年の石川県の建造物新築3大事業の一つとして、国立工芸館、金沢城 鼠多門・鼠多門橋とともに東京オリンピックを前に完成させ、オープンさせる予定であった。しかし、新型コロナウイルスの感染拡大を受け、同年春のオープンを見合わせて現在に至る。

答16

④ 細野燕台

細野燕台は「金沢最後の文人」とされ、書を北方心泉に学んだ。燕台の木製看板には、「廣瀬印房」の金文字が映え、「燕台書」とともにが独特の書体で刻まれている。3代店主の時、燕台が揮毫したと伝わる。廣瀬印房は1874（明治7）年に創業、代々、手彫りの印鑑を伝えてきたが、需要が減って閉店となった。

問1

金沢市は2020（令和2）年度から、木造建築や木材をふんだんに取り入れた建物が集積する「（　　）」の実現を目指し、具体的検討に入った。

① 木住都市　　② 木造都市

③ 木質都市　　④ 木色都市（もくじき）

問2

金沢歌劇座あり方検討委員会から建て替えの提言を受けた山野之義金沢市長は「まちなかの（　　）を高めるという点に考慮して取り組む」と強調した。

① 芸術性　　② 娯楽性

③ 回遊性　　④ 観光性

問3

金沢市は、三文豪像のある（　　）でも、発光ダイオード（LED）の投光器を43基設置し、夜間景観を演出するライトアップを始めた。

① 金沢城外濠公園白鳥路（そとぼり）
② 金沢城公園二の丸広場
③ 金沢市役所前広場
④ 金沢駅西公園

問4

市内のまちづくり団体「（　　）」は市希少工芸品の「二俣和紙」とガラス、樹脂を融合させた皿を開発した。

① KANAZAWA
② ZAWAKANA
③ KOUGEI
④ TAKUMIWAZA

答1

③ 木質都市

金沢市は、町家などに歴史ある建築物が数多く残る街並みの保全にとどまらず、新たに建てられた家屋やビルについても木造化を推進する。歴史都市・建築都市としての金沢の格をさらに高める一大プロジェクトと位置付け、「木質都市」というコンセプトを打ち出し、モデル地区を設定して取り組む考え。

答2

③ 回遊性

建て替え提言を受けた山野市長は、「具体的な形で検討したい」と述べた上で、2020（令和2）年度に、新ホール整備を前提にした検討に入る意向を示した。ただ、現在地での改築は明言を避けた。「都心のにぎわい創出」という大方針を掲げながら、今後、課題を整理し、具体化の道筋をつけていくとみられる。

答3

① 金沢城外濠公園白鳥路

金沢市は金沢城を中心に魅力的な夜間景観を創出する取り組みを進めており、金沢城外濠公園周辺では、尾山神社の神門、尾﨑神社の神門と玉垣、黒門前緑地の土塀にも照明が配置されている。浅野川四美橋のライトアップも手掛けた、国際照明デザイナーズ協会フェローの近田玲子さんが監修している。

答4

② ZAWAKANA

二俣和紙を使った皿づくりは2018（平成30）年、金沢青年会議所のプロジェクトとして始まり、参加した学生らがソーサーを考案した。その後、ZAWAKANAが事業として開発を受け継ぎ、市の金沢ブランド工芸品開発促進事業の補助を受け、より和紙の面積が大きい皿を作り上げた。

金沢市笠市町で長年、（　　）として営業を続け、空き家となっていた築120年ほどの町家が、レストランやカフェを備えた複合施設に生まれ変わった。

① 特定郵便局　　② 雑貨販売店

③ 海産物店　　④ 漁網店

金沢市が整備して40年がたとうとする市卯辰山公園の「（　　）」には、4月初旬、群生する桜が満開となり、「花屏風（はなびょうぶ）」が市民の目を楽しませてくれる。

① 四百年の森　　② みらいの杜（もり）

③ 三百年の森　　④ 絢爛（けんらん）の杜

石川県が2015（平成27）年度に創設した「いしかわ歴史遺産」のうち、金沢市内の認定対象2件のうちの1件は（　　）である。

① 匠の技が光る伝統工芸

② 三つの寺院群と茶屋街

③ 二つの川が育んだ文化

④ 一向一揆に遡（さかのぼ）る真宗文化

問8

金沢の中心街活性化の核となる香林坊、片町、竪町、柿木畠、広坂の5商店街で組織する金沢中心街まちづくり協議会は2019年末、従来の「金沢5タウンズ」を「（　　）」と改称した。

① 金沢センター商店街5

② ザ・5タウン

③ 百万石5TOWN

④ THE金沢TOWN

答5

④ 漁網店

　空き家だった町家は、木造2階建ての元「紙谷漁網店」。町家は一時は取り壊しの話も持ち上がったが、伝統的な街並みを守ろうと、住民有志が企画した。新型コロナウイルスの感染拡大防止のため、当面、テークアウトのみの営業だが、金沢駅に近い立地を生かした観光客と地域住民の交流拠点を目指す。

答6

① 四百年の森

　市卯辰山公園の「四百年の森」は、1982(昭和57)年、加賀藩祖前田利家の金沢入城400年を記念して整備された。谷あいの斜面約2㌶に芝生が敷かれ、約250本のソメイヨシノなどが植え込まれている。園内は四阿が建てられ、車いす利用者にも配慮した散策路などを整備、市民の憩いの場になっている。

答7

② 三つの寺院群と茶屋街

　「いしかわ歴史遺産」は日本遺産の石川県版で、これまでに14件が認定されている。このうち、金沢市内の認定対象は2件。2015(平成27)年度認定の「三つの寺院群と茶屋街〜歩く・観る・祈る」と、16(同28)年度認定の「きらめきに包まれるまち〜今に息づく金沢の金箔〜」である。

答8

④ THE金沢TOWN

　金沢中心街まちづくり協議会は2019(令和元)年12月、「金沢5タウンズ」としていた愛称を「THE金沢TOWN」(ザ金沢タウン)に一新した。従来の香林坊、片町、竪町、柿木畠、広坂の5商店街に加え、周辺の商店街が連携してイベントを実施し、金沢市の中心街活性化につなげる。

問9

金沢市の公共レンタサイクル「まちのり」はリニューアルをさらに進め、自転車を止めて管理する「(　　)」を拡充し、機体に電動アシスト機能も加えた。

① サイクルストップ　　② サイクルポート

③ サイクルレスト　　　④ サイクルブレーク

問10

北陸新幹線金沢開業から5年が経ち、金沢市は急増した観光客による混雑や住民とのトラブルなどの観光公害「(　　)」対策に乗り出した。
① バッドツーリズム
② リスキーツーリズム
③ オーバーツーリズム
④ アンダーツーリズム

問11

金沢市は閉校となった学校の有効活用を進めており、「犀川小学校 鴛原(おしがはら)分校」の建物を再利用しているのは(　　)の関連施設である。

① 卯辰山工芸工房　　② 夕日寺自然園

③ 加賀友禅工房　　　④ 金沢演劇研究所

問12

第三セクターの金沢商業活性化センター（TMO）が運営する片町1丁目の商業施設は(　　)という。

① アミーゴ　　② ドミーノ

③ ロマーノ　　④ プレーゴ

答9

② サイクルポート

　新しいまちのりはサイクルポートを従来の21カ所から50カ所に拡充し、金石・大野エリアや寺町、石引などにも設け、観光客だけでなく、地元住民の利用を見込んだ。起伏に富む城下町金沢の坂道も楽に通行できるように、500台全てに電動アシスト機能を備えた。24時間利用でき専用アプリで予約可能。

答10

③ オーバーツーリズム

　市が特に対策として力を入れるのは、トラブルが続発している近江町市場やひがし茶屋街、金沢21世紀美術館などの人気スポットが集中する中心部である。市は観光客の訪問時期や場所、時間などを分散させる方法の検討を始めた。また、海辺の金石・大野地区や湯涌温泉など郊外観光地への誘客も図る。

答11

① 卯辰山工芸工房

　犀川小学校鴛原分校は、金沢市の山あいの下鴛原町にかつてあった、小学校4年生までが通った小さな山の学校。1988（昭和63）年、閉校となった。現在は、金沢市卯辰山工芸工房の関連施設「おしがはら工房」として活用されており、ガラス、陶芸、漆芸の若手作家たちが通っており、技を磨いている。

答12

④ プレーゴ

　プレーゴは、金沢市片町1丁目にある欧風ショッピング・モール。日本で最初のタウンマネージメント機関（TMO）である金沢TMOがテナントミックス事業として、2001（平成13）年3月29日に、オープンさせた。全9区画あり、2020（令和2）年5月現在、2016（平成28）年以来の満床を目指している。

問13

金沢市は、国連が掲げる持続可能な開発目標「ＳＤＧｓ」の行動計画「（　　）」を策定し、実現に向けて庁内に部局横断型の推進本部を発足させた。

① 金沢ミライシナリオ
② 金沢ニューシナリオ
③ 金沢飛翔シナリオ
④ 金沢発展シナリオ

問14

現在、金沢市が提携している友好姉妹都市に含まれないのは（　　）である。

① ゲント　　② フィレンツェ
③ ナンシー　④ イルクーツク

24

問15

城下町金沢の歴史の重みを伝える地域のうち、国の重要伝統的建造物群保存地区（重伝建）に選定されていないのは（　　）である。

① 「にし茶屋街」　② 「主計町（かずえまち）」
③ 「東山ひがし」　④ 「寺町台」

問16

城下町金沢の昔ながらの細い町筋を、市民の足として走る「金沢ふらっとバス」の定番４ルートでないのは（　　）である。

① 此花　② 菊川
③ 芳斉　④ 長町

① 金沢ミライシナリオ

推進本部では、市民や民間企業、教育機関と連携し、金沢の歴史文化の価値を高めながら、環境負荷の少ないまちづくりを目指す。市は2019年度、金沢青年会議所などと連携し、高校生向けの学習会開催や会員制交流サイト（ＳＮＳ）を使った情報発信などを通じて、ＳＤＧｓの浸透を図った。

② フィレンツェ

1962（昭和37）年の米国・バッファローとの友好姉妹都市提携を皮切りに、67（同42）年はイルクーツク（ロシア）とポルト・アレグレ（ブラジル）、71（同46）年にゲント（ベルギー）、73（同48）年にナンシー（フランス）、81（同56）年に蘇州（中国）、02（平成14）年に全州（韓国）と世界７都市と提携している。

① 「にし茶屋街」

金沢は戦火に遭わなかったこともあって、城下町の町割りや用水が良好な形で残っており、「東山ひがし」、「主計町」、「卯辰山麓」、「寺町台」の４つが重伝建に選定されている。東山ひがしは2001（平成13）年11月、主計町は08年６月、卯辰山麓は11年11月、そして寺町台は12年12月に選定されている。

③ 芳斉

「金沢ふらっとバス」の４ルートは此花、菊川、材木、長町の４ルート。金沢駅と兼六園を往復する「兼六園シャトル」、買い物客に重宝されている「まちバス」もある。一般路線は北鉄バスと西日本ＪＲバスが走っており、循環バス「城下まち金沢周遊バス」は金沢駅兼六園口を起点に、市内の観光地を巡る。

新保本5丁目にある、縄文時代を代表する国指定史跡のチカモリ遺跡は、日本で初めて(　　)が見つかったことで知られる。

① 環状木柱列　　② 籃胎漆器
　　　　　　　　　　らんたい

③ 獣形勾玉　　　④ 御物石器
　じゅうけいまがたま　　　ぎょぶつ

遣渤海使が加賀郡に到着した年と同じ「天平二年」
ぼっかい
と墨書された土器が出土した、金沢市内にある奈良時代の遺跡は(　　)である。

① 上荒屋遺跡　　　② 広坂遺跡

③ 三小牛ハバ遺跡　④ 畝田・寺中遺跡
　みつこうじ　　　　　　うねだ　じちゅう

上荒屋7丁目の上荒屋遺跡は、現在の白山市横江町周辺に広がっていたと考えられる横江庄の遺構の一部であったとみられ、この一帯は大和の(　　)が領有する荘園だった。

① 西大寺　　② 薬師寺

③ 東大寺　　④ 興福寺

現在の金沢を含む加賀地方は、当初、(　　)国に属していたが、平安期の823(弘仁14)年、最後の立国として、加賀国が誕生した。

① 越中　　② 越後

③ 越前　　④ 能登

① 環状木柱列

国指定史跡チカモリ遺跡は金沢市西南部の新保本にある縄文時代後期から晩期にかけての集落遺跡。1980(昭和55)年の発掘調査で多数の木柱根が出土した。中でも環状木柱列は直径約60㌢から90㌢のクリ巨木を縦に半分に割り、切断面を外側に向けて直径約7㍍の円形に立てて並べた全国初の様式。

④ 畝田・寺中遺跡

畝田・寺中遺跡は奈良時代の越前国加賀郡の拠点があったころの遺跡として、近くの津(港)の管理を裏付ける多数の墨書土器が出土した。広坂遺跡は「寺」や「佛」などの文字が刻まれた奈良時代の瓦や土器が出土した。三小牛ハバ遺跡は奈良～平安時代前期、山中で修行した寺院跡とみられる。

③ 東大寺

国指定史跡の東大寺領横江荘遺跡上荒屋遺跡(金沢市上荒屋7丁目)は奈良・平安時代の荘園遺跡。荘園を管理した荘家や船着場などの遺構が見つかり、出土品には「田宮」や「綾庄」などの荘園名を墨書した遺物や人形や馬形の木製祭祀具など。遺跡の中心部は当時の景観を復元した史跡公園になっている。

③ 越前

越前国はかつて日本の地方行政区分だった令制国の一つで北陸道に属した。金沢を含めた加賀地方は当初、越前国に属していた。最後の立国として加賀国が設置され、江沼、能美、石川、河北の4郡から成っていた。加賀立国を奏上した越前守紀末成は加賀国の初代国司を兼任した。

金沢市の（　　　）遺跡からは、渤海からの使者が持ち込んだとみられる装飾品「帯金具」が出土している。

① 北塚　　　　② 三小牛ハバ

③ チカモリ　　④ 畝田ナベタ

古墳時代に、現在の金沢地方を支配していたのは、道君だった。「日本書紀」によると、570年、（　　　）からの使者が海岸に漂着し、道君はその貢物をだまし取ったとされる。

① 新羅　　② 百済

③ 渤海　　④ 高句麗

一向一揆を制圧した後、金沢城に入った佐久間盛政は、（　　　）で滅んだ。

① 賤ヶ岳の戦い　　② 本能寺の変

③ 末森の戦い　　　④ 小牧長久手の戦い

金沢市南部の高尾城跡は、1488（長享2）年に加賀守護の（　　　）が、一向宗徒を中心とする加賀の一揆勢によって滅びた城跡として知られる。

① 畠山義忠　　② 富樫政親

③ 山名氏清　　④ 富樫泰高

答5

④ 畝田ナベタ

畝田ナベタ遺跡は平安時代（9世紀）の集落遺跡で、立地は海辺に近い低地平地、現在は耕作地である。土師器や須恵器などが多数出土し、遺構としては、掘立柱建物跡2棟、井戸1カ所、溝21本など出土している。装飾品の「帯金具」は渤海からの使者が持ち込んだとみられる。現在、一帯は公園となっている。

答6

④ 高句麗

大和朝廷が近畿地方を中心に支配地域を広めていたころ、金沢平野で勢力を持っていたのが道君。欽明天皇の時、朝鮮半島から高句麗の使者が日本海で遭難し、流れ着いた。大野湊を拠点にしていた道君は漂着した使者に、自分が大和の王であると偽り、貢物を横領した。朝廷からは厳しい叱責を受けた。

答7

① 賤ヶ岳の戦い

佐久間盛政は武勇で知られた尾張国生まれの戦国武将。信長の家臣を経て、本能寺の変後、柴田勝家について賤ケ岳合戦で奮闘したが、柴田勝家軍は秀吉軍に大敗、佐久間は敗走した。逃げる途中、越前府中の山中で捕まり、秀吉側に引き渡され、斬首の刑で30歳余の最期を迎えた。

答8

② 富樫政親

加賀の守護富樫政親の滅亡により、その後一向一揆勢力が加賀平野を席巻し、約100年間にわたり「百姓ノ持チタル国」というコミューンが築かれた。小立野台地の先端部に尾山御坊（金沢御堂）が開かれ、一向宗徒と本願寺が支配した。その後、信長勢に平定され、前田利家から270年、加賀藩に支配された。

本願寺宗主（　　）によってつづられた「天文日記」には、金沢御堂に、本尊や仏具などを贈ったことが記されている。

① 存如　　② 実如

③ 証如　　④ 教如

佐久間盛政のころ、尾山八町は南町、堤町、金屋町、松原町、西町、安江町、（　　）、材木町であった。

① 片町　　② 高岡町

③ 近江町　④ 橋場町

（　　）は、金沢御堂があったころからある、金沢では最も古い町名の１つとされ、2008（平成20）年11月に復活した。

① 丸の内　② 柿木畠

③ 武蔵町　④ 南町

問
12

源義経、弁慶にまつわる伝承がある「鳴和の滝」は、（　　）の境内にある。

① 市姫神社　② 浅野神社

③ 中村神社　④ 鹿島神社

答9

③ 証如

「天文日記」は本願寺10代宗主証如が1536(天文5)年から天文23年までつづった日記。大坂本願寺にいて尾山御坊に木造本尊や親鸞聖人御影掛け軸、仏具などを贈り、それらを「天文日記」に書き留めた。このほか天文15年10月29日の文章に、「加州金澤坊舎」と記されたのは、金沢の地名の初見史料とみられる。

答10

③ 近江町

1546(天文15)年に創建された尾山御坊を1580(天正8)年陥落させ、跡地を金沢城として初代城主となったのが佐久間盛政だった。佐久間が在城したのはわずか3年ばかりだった。しかし、御坊時代に寺内町であった尾山八町の整備や百間堀の掘削など、後の城下町金沢の基礎を築いたと言われる。

答11

④ 南町

佐久間盛政が城主だったころ、城の南にあったのでこの名が付いたという。1592(文禄元)年、現在地に移転したとされるが、1635(寛永12)年の移設説もある。1966(昭和41)、67年、新住居表示施行により、いったん高岡町、香林坊1・2丁目、尾山町に改められたが、2008(平成20)年復活した。

答12

④ 鹿島神社

室町期に成立した謡曲「安宅」は、源義経一行が安宅の関を通り抜けようとし、関守の富樫泰家に疑われる場面を描く。弁慶の機転と富樫の温情で関所を通過できた一行を、「菊の酒」を持った富樫が追い、苦労をねぎらうと、弁慶はうれしさのあまり「鳴るは滝の水」と舞う。こうした伝説が鹿島神社に残る。

問 13

加賀藩祖前田利家の出身地である尾張国荒子村は現在の（　　）にある。

① 一宮市　　② 小牧市

③ 名古屋市　④ 豊田市

問 14

前田利家は、織田信長の命により、兄（　　）から家督を譲られ、荒子城主となった。

① 利春　　② 利久

③ 利玄　　④ 安勝

問 15

1600（慶長5）年、加賀藩祖前田利家の夫人まつは、亡き夫の位牌所として、奥能登・門前の（　　）に芳春院を建立したとされる。

① 總持寺　　② 妙成寺（みょうじょうじ）

③ 永光寺（ようこうじ）　④ 長齢寺

問 16

前田利家の正室まつは、1585（天正13）年の越中攻めの際、利家の陣羽織に（　　）を刺繍したと伝わる。

① 唐獅子（からじし）　② 菅原道真

③ 不動明王　　④ 鐘馗（しょうき）

答
13

③ 名古屋市

利家が生まれた前田家は、尾張国愛知郡荒子村（現在の名古屋市中川区荒子町）付近を支配した土豪で、荒子城主であった。利家の生まれた年には諸説あるが、1537（天文6）年説が有力である。信長の伯父である津田孫三郎信家を烏帽子親として元服し、前田犬千代から孫四郎利家と名乗るようになった。

答
14

② 利久

利家は父の前田利昌（利春）と母の竹野氏（長齢院）との間に生まれ、8人きょうだい（6男2女）の4男だった。若い頃の利家は、喧嘩好きで知られ、派手ないでたちで長槍を手に闊歩したため「かぶき者」と呼ばれた。人々は遠くからでも利家と分かると、喧嘩を売られないように道をあけたという。

答
15

① 總持寺

まつは信仰心が篤く、藩内ばかりでなく各地に位牌所や塔頭を発願主となって建立した。曹洞宗總持寺祖院の芳春院は前田家一門の冥福を祈った位牌所だが、京都の臨済宗大徳寺の塔頭芳春院は同寺住職の春屋宗園に帰依し、芳春院の法名をもらったことにちなみ、まつが創建した前田家の菩提寺の一つである。

答
16

④ 鐘馗

越中の役は1585（天正13）年8月に、秀吉率いる大群が佐々成政が立てこもる越中富山城を包囲し、降伏させた戦い。まつは激戦が予想されたため陣羽織に鐘馗を刺繍し、夫を送り出したと伝わる。このほか鼓舞で有名なのは、忠臣の武勇にも及び腰の利家を叱咤し現地に向かわせた能登末森城の戦いがある。

加賀藩祖の前田利家が初陣を飾ったのは、1552（天文21）年の（　　）の戦いとされる。

① 浮野　　② 桶狭間

③ 海津　　④ 稲生

藩祖利家と親交のあった陸奥の戦国武将南部氏の家臣（　　）は、1587（天正15）年4月に金沢を訪れ、金沢城で利家から料理や茶のもてなしを受けて天守にのぼったことを回想している。

① 毛馬内秀範　　② 石川高信

③ 安東親季　　　④ 北信愛

1575（天正3）年9月、織田信長は越前を平定し、前田利家を（　　）の城主とした。

① 敦賀　　② 福井

③ 金津　　④ 府中

問
20

1583（天正11）年、七尾から金沢に移された前田家の菩提寺である曹洞宗宝円寺の開山は（　　）である。

① 象山徐芸　　　② 徹通義介

③ 峨山韶碩　　　④ 大透圭徐

③ 海津

海津(萱津)の戦いで初陣を飾った利家は1556(弘治2)年の稲生の戦いで禄百貫を加増され、百五十貫の身上となり村井長頼を家来とした。1558(永禄元)年に浮野の戦いで武功を立て、又左衛門と改称、「槍の又左」の異名を持つ。ただ23歳の時に同朋衆の拾阿弥を斬殺し、信長の怒りを買い出仕停止となる。

④ 北信愛

藩祖利家と親しかった陸奥国南部藩の藩主南部信直の重臣である北信愛は、その覚え書きの中で、利家の案内で金沢城天守閣を見物し、不破直光、徳山秀現が相伴し、天守の「くりん」で供応を受けたと記述。ただ、覚え書きを執筆したのは、信愛が90歳の高齢であったため、記憶力を懸念する指摘もある。

④ 府中

1575(天正3)年、越前を制圧した織田信長から前田利家は越前府中城を与えられ、柴田勝家の与力となり、「府中三人衆」のひとりとして、佐々成政、不破光治とともに北陸の要を担った。1581(天正9)年、信長から能登一国を拝領し初めて国持大名となった。翌年6月、主君信長は本能寺の変で横死する。

④ 大透圭徐

大透圭徐は藩祖利家が越前府中(現・福井県越前市)に在城のころ帰依した僧で、利家が能登で国持ち大名になった際、一緒に七尾入りして宝円寺を建立し、利家の金沢城入城とともに金沢に移転した。象山徐芸は宝円寺の住職。徹通義介は曹洞宗大乗寺の開山。峨山韶碩は奥能登門前の總持寺祖院の第2世。

問 21

加賀藩2代前田利長は（　　）を隠居城とした。

① 高岡城　　② 七尾城

③ 小松城　　④ 大聖寺城

問 22

2代利長の院号は（　　）である。

① 高徳院　　② 瑞龍院（ずいりゅう）

③ 微妙院（みみょう）　　④ 松雲院

問 23

藩祖利家の次男（　　）は関ヶ原の戦いの際、徳川家康の意に従わなかったため、領国能登を没収され、京都で静かに余生を過ごした。

① 利太郎　　② 利直

③ 利次郎　　④ 利政

問 24

利家の5男利孝を祖とし、本家前田家の16代利為（としなり）の実家でもあった旧藩は（　　）である。

① 八日市藩　　② 七日市藩

③ 六日市藩　　④ 四日市藩

答21

① 高岡城

2代利長は利家とまつの長男として生まれ、信長の娘の永姫（えいひめ）を正室として迎え、武功を挙げた。1598年、利家から家督を継ぎ、権中納言に昇任、加越能3カ国の当主となって金沢城を居城とした。加越能120万石の大名となった後、利常に家督を譲り富山城に移るが火災で焼失、高岡城を隠居城とした。

答22

② 瑞龍院

藩祖利家は高徳院、3代利常は微妙院（みみょういん）、4代光高は陽広院、5代綱紀は松雲院、6代吉徳は護国院、7代宗辰（むねとき）は大応院、8代重煕（しげひろ）は謙徳院、9代重靖（しげのぶ）は天珠院、10代重教（しげみち）は泰雲院、11代治脩（はるなが）は太梁院（たいりょう）、12代斉広（なりなが）は金龍院であり、13代と14代は諡号（しごう）しかなく13代斉泰（なりやす）は温敬公、14代慶寧（よしやす）は恭敏公。

答23

④ 利政

前田利政は藩祖利家とまつの次男として尾張・荒子に生まれた。16歳で能登国20余万石を拝し、従四位下侍従に叙任。妻は大名蒲生氏郷（がもううじさと）の娘である籍（せき）。利家の死後、隠居領を分与され22万5千石の領主となる。領国能登を除封された後は、京・嵯峨野に隠棲（いんせい）した。加賀八家（はっか）の一つ前田土佐守家の家祖。

答24

② 七日市藩

利孝は金沢で生まれたが、1604（慶長9）年、江戸に送られ、人質となった芳春院と暮らした。その後、大坂の陣の武勲で上州（現・群馬県富岡市）に1万石を下賜（かし）され、加賀藩の分藩七日市藩の藩祖となった。前田家本家15代利嗣（としつぐ）には嗣子（しし）がおらず、16代には七日市藩出身の利為を養嗣子として迎えた。

問 25

利家とまつの間には、2男9女の子供がいた。最初の子供は1559（永禄2）年に誕生した長女の幸で、後に（　　　）の正室となった。

① 宇喜多秀家　　② 中川光重

③ 前田長種　　　④ 細川忠隆

問 26

藩祖前田利家の次女・蕭は中川光重の正室となったが、光重の居城名にちなんで（　　　）と称された。

① 一色殿　　② 守山殿

③ 増山殿　　④ 府中殿

問 27

利家の三女（　　　）は、秀吉の側室となり、加賀殿と称された。

① 幸姫　　② 摩阿姫

③ 豪姫　　④ 菊姫

問 28

前田利家の娘の1人で、関ケ原の戦いで敗れた後、八丈島に配流された宇喜多秀家の正室になったのは（　　　）である。

① 菊　　② 豪

③ 幸　　④ 千世（代）

答
25

③ 前田長種

　前田長種は加賀八家の一つ前田対馬守長種家の家祖。利家を頼って家臣となり、能登国七尾城を守備した。その後、越中国守山城代となり、後に３代藩主となる幼少時の利常を正室の幸とともに養育した。幸は長種の死後、春桂院と号した。対馬家の菩提寺は玉龍寺、幸の菩提寺は月照寺。いずれも曹洞宗。

答
26

③ 増山殿

　蕭（粧・将）は、越中国増山城（現・富山県砺波市増山）の城将中川光重の正室となり、城の名にちなんで増山殿と呼ばれた。中川光重ははじめ織田信長、信忠父子に仕え、高遠城攻めなどに参戦したが、本能寺の変で両氏が横死すると、利家の次女蕭をめとっていた縁から加賀国の利家の家臣となり近侍した。

答
27

② 摩阿姫

　摩阿姫は12歳の時、越前国の柴田勝家の人質になるが、1583（天正11）年の北ノ庄城落城の際には城を逃れた。その後、秀吉の側室となり、「加賀殿」の異名で通った。秀吉最晩年の「醍醐の花見」では、母のまつとともに参加する。秀吉の没後は、万里小路充房に再嫁したが、後に離別し、金沢に戻った。

答
28

② 豪

　豪（於語・京）は数え２歳のとき、父の利家が羽柴秀吉との仲を深めるため、子のなかった秀吉夫婦の養女として出された。豊臣政権下の五大老の一人、宇喜多秀家に嫁いだが、関ケ原合戦で西軍について敗れた秀家が八丈島に流罪となって以降は金沢に戻った。キリスト教の洗礼を受け洗礼名はマリア。

問29

「太閤記」の筆者である（　）は、3代藩主利常に召し抱えられ、京都から金沢に居を移して著作に励んだ。

① 武内確斎
（たけうちかくさい）
② 小瀬甫庵
（おぜほあん）
③ 岡田玉泉
（ぎょくせん）
④ 小堀遠州
（こぼりえんしゅう）

問30

2代藩主利長は1599（慶長4）年9月、徳川家康から謀反の疑いをかけられ、金沢城の東西に（　）をつくって守りを固めた。

① 内惣構
（そうがまえ）
② 中惣構
③ 外惣構
④ 小惣構

問31

3代藩主利常が、5代藩主綱紀を後見しながら推進した農業中心の藩政改革を（　）という。

① 高方仕法
② 改作法
③ 切高仕法
④ 古格復帰の仕法

問32

3代藩主利常の母寿福院は（　）国出身で藩祖利家の側室となった。

① 近江
② 越前
③ 越中
④ 尾張

答
29

② 小瀬甫庵

　３代藩主利常が61歳の時に京都で豊臣秀吉の伝記「太閤記」を執筆中だった小瀬甫庵は、４代藩主光高の兵学の師として、禄高250石で召し抱えられた。甫庵は太閤記を完成させるため、加賀八家の一つで横山山城守長知からも秀吉や家康の活躍していた戦国の頃の様子を詳しく聞き出し、20巻にまとめた。

答
30

① 内惣構

　惣構は城を中心とした城下町を囲い込んだ堀や堀の城側に土を盛り上げて造成した土居などの防御施設を指す。城下町金沢では1599（慶長4）年に、利長により造られた「内惣構」と、1610（慶長15）年に利常により造られた「外惣構」が二重に巡らされていた。内外惣構はそれぞれ東西で呼称が分かれた。

答
31

② 改作法

　３代利常は1639（寛永16）年、家督を嫡男光高に譲り、小松に隠居した。しかし、光高が急死したため、孫の綱紀を５代藩主に立て、後見役として財政を指導。1651（慶安4）年から56（明暦2）年に改作法と呼ぶ農政改革を進めた。貧農の救済と年貢納入の徹底を定めて、増産を督励し藩財政を強化した。

答
32

② 越前

　寿福院は越前府中（現・福井県越前市）の高木村生まれで、朝倉氏の家臣上木新兵衛が父。朝倉氏が滅亡した後、越前府中を支配していた前田利家の正室まつに仕え、朝鮮の役の際、九州の肥前名護屋（現在の佐賀県唐津市）に利家の身の回りの世話をするために行き妊娠、金沢でのちに３代藩主となる利常を産んだ。

問33

1593（文禄2）年、利家の側室の千代保が産んだ後の3代藩主・利常は幼名を（　　）と呼ばれた。

① 犬千代　　② 虎千代

③ 猿千代　　④ 熊千代

問34

3代藩主前田利常の子で、富山藩初代藩主になったのは、（　　）である。

① 利次　　② 利治

③ 長種　　④ 直之

問35

3代藩主利常は加賀藩を3藩に分けた際、3男の（　　）を大聖寺藩主とした。

① 利高　　② 利次

③ 利治　　④ 利貞

問36

3代藩主利常の夫人珠姫が金沢に輿入れしたおり、随従してきた家臣たちが居住した地域は（　　）と呼ばれていた。

① 江戸町　　② 御前様町

③ 姫町　　④ 小将町

答 33

③ 猿千代

前田家では、藩祖利家の幼名は犬千代だった。2代利長も犬千代だったが、3代利常の幼名は猿千代だった。猿千代は利常だけで、数え31歳で急死した4代光高（みつたか）以降、7代宗辰（むねとき）まで犬千代、8代重煕（しげひろ）から11代治脩（はるなが）までは千代のつかない幼名だが、12代藩主斉広（なりなが）、13代斉泰（なりやす）、14代慶寧（よしやす）はいずれも犬千代。

答 34

① 利次

前田利次は利常、珠姫との間に生まれた次男で1631（寛永8）年に元服し、従四位下、侍従に叙任された。1639（寛永16）年、利常から10万石を分与されて加賀藩の支藩である富山藩を立藩し、初代藩主となった。初めて国入りした際、領地に富山城と城下町は含まれておらず、加賀藩から居城を借りた。

答 35

③ 利治

利治は利常の3男として1618（元和4）年、生まれた。1639（寛永16）年、利常が隠居するに際し、江沼郡を中心に7万石を分封された。藩内で金山銀山の開発に力を注ぎ、この鉱山開発の途上、領内の九谷で見つかった良質の陶土と、利治が茶人であったことが、後の九谷焼の生産に結び付いたとされる。

答 36

① 江戸町

珠姫は1600（慶長5）年、前田利常と婚約し、翌年3歳で金沢に輿入れした。輿入れの道中は7月1日から9月末まで3カ月を要し、姫付き家老興津忠治はじめ数百人がこれに従った。随行した家臣たちは、金沢城外、現在の兼六園の茶屋が立ち並ぶ付近に居住する屋敷を与えられ、これを江戸町と呼んだ。

問37

4代藩主光高は、老中らを招いた席で急死したが、その席とは(　　)であった。

① 観能　　② 酒宴

③ 茶会　　④ 蹴鞠(けまり)

問38

尾﨑神社は、4代藩主光高が幕府の許しを得て金沢城北の丸に建てた「東照宮」で、明治になって、尾﨑神社と改称した。(　　)を主祭神としている。

① 織田信長　　② 豊臣秀吉

③ 前田利家　　④ 徳川家康

問39

5代藩主綱紀の正室(　　)姫は会津藩主保科正之(ほしなまさゆき)の娘である。

① 菊　　② 頴(えい)

③ 藤　　④ 摩(麻)須(ます)

問40

加賀八家(はっか)をはじめ加賀藩の職制機構が整えられたのは(　　)が藩主のときである。

① 3代利常　　② 4代光高

③ 5代綱紀　　④ 6代吉徳

答37 ③ 茶会

光高は父利常とともに小堀遠州から大名茶の作法の指南を受け、茶の湯に熱心であった。そんな光高の最期の場は、1645(正保2)年、大老酒井忠勝らを招いた茶会の席だった。まさに急死で、後世、今でいう心筋梗塞だったのだろうとの推測や、直前まであまりに元気だったことから毒殺までささやかれた。

答38 ④ 徳川家康

尾崎神社は4代藩主光高7年の治世で最大の事業といえる。幕府の許可を受け、幕府大工頭の設計を基に加賀藩の大工らが結集し、1643(寛永20)年に東照宮が完成した。明治に入り、祭神として家康に加え、天照大神、利常も祀って1874(明治7)年に尾崎神社と改称、78(同11)年には現在地に移った。

答39 ④ 摩(麻)須

摩(麻)須姫(松姫・松嶺院)は会津藩主保科正之の4女で、1658(万治元)年7月、わずか10歳にして、3歳で家督を継いだ5代藩主綱紀に嫁いだ。保科正之は3代将軍徳川家光の異母弟で会津藩初代藩主。名君の誉れ高く、娘を嫁がせた後、幼少の綱紀の後見役を務めた。ただ、摩須姫は1666(寛文6)年夭折した。

答40 ③ 5代綱紀

8人の重臣で構成する加賀八家は世襲の年寄で、藩の最高意思決定機関として主君を補佐し、藩政を運営した。八家は石高順では、本多家(5万石)長家(3万3千石)横山家(3万石)前田対馬守家(1万8千石)奥村宗家(1万7千石)村井家(1万6千5百石)奥村支家(1万2千石)前田土佐守家(1万1千石)となる。

問41

5代藩主綱紀が中心になって収集した、多くの貴重な古典籍や文化財を収めた文庫は（　　）である。

① 尊経閣文庫　　② 永青文庫

③ 静嘉堂文庫　　④ 紅葉山文庫

問42

5代藩主綱紀は和書、漢籍、洋書などを収集し、儒学者の（　　）に「加賀は天下の書府なり」と言わしめた。

① 新井白石　　② 木下順庵
③ 室 鳩巣 　　④ 荻生 徂徠

問43

1723（享保8）年、5代藩主綱紀の四男、吉徳が6代藩主に就いたとき、家督相続を祝って行われたのが（　　）の始まりといわれる。

① 歳末謝恩　　　② 彼岸法要

③ 特別報恩講　　④ 盆正月

問44

加賀藩の文学校・明倫堂を創建したのは、（　　）である。

① 3代藩主利常　　② 5代藩主綱紀
③ 11 代藩主治脩　　④ 14 代藩主慶寧

答41

① 尊経閣文庫

尊経閣文庫は1928(昭和3)年、前田家16代当主利為により、東京・駒場邸内に設立された。収蔵所の中核ともいうべき5代藩主綱紀の蔵書名「尊経閣蔵書」にちなんで名づけられた藩政期の加賀藩文物の集大成で、国宝22件、重要文化財77件など所蔵する。現在、公益財団法人前田育徳会が維持管理する。

答42

① 新井白石

綱紀は江戸から著名な儒学者を藩に招き、学究の土壌づくりを進めた。綱紀に仕えた儒者木下順庵に学んだ新井白石は、綱紀の膨大な蔵書を閲覧し、同門の室鳩巣への手紙の中で「加賀は天下の書府なり」とたたえた。室鳩巣は1672(寛文12)年、加賀藩に仕え、綱紀の命で京都の木下順庵門下となった。

答43

④ 盆正月

盆正月は藩政期、新しい藩主が就任するなどした慶事に城下町挙げてお祝いの意を表したならわし。盆と正月がいっぺんに来たような飾り付けを町々で工夫したり、酒食の振る舞い、もてなしを行ったりした。百万石まつりでもイベントに加えられ、金沢城内で現代風にアレンジした盆正月が行われている。

答44

③ 11代藩主治脩

11代藩主治脩は現在の兼六園の一角に、藩政初の藩校として、文学校である明倫堂と武学校である経武館を設立し、藩士の学問と武術の向上を図った。明倫堂は士農工商の四民が共に学ぶ「四民教導」を運営方針に掲げた。初代学頭は治脩の侍講でもあった新井白蛾。経武館は当初、明倫堂に隣接してあった。

問 45

現在の兼六園の一角に建っていた12代藩主斉広（なりなが）の隠居所は（　）である。

① 巽（たつみ）御殿　　② 金谷御殿

③ 竹沢御殿　　④ 越後屋敷

問 46

寺島蔵人（てらじまくらんど）は、12代藩主斉広の代に藩政改革を主導したが、13代藩主斉泰の代に罪を問われ、（　）に流刑にされた。

① 能登島　　② 五箇山

③ 舳倉島　　④ 白山麓

問 47

1854（安政元）年、西洋砲術の学校の壮猶館（そうゆう）を創設した加賀藩主は（　）である。

① 3代利常　　② 5代綱紀

③ 11代治脩　　④ 13代斉泰

問 48

奈良時代、や行の「え」と、あ行「え」は音韻上、異なっていたことを立証した「古言衣延弁」（こげんええべん）の著者で、加賀藩のいわゆる「天保の改革」の立役者であった人物は（　）である。

① 上田作之丞　　② 奥村栄実（てるざね）

③ 寺島蔵人　　④ 長連弘（ちょうつらひろ）

答
45

③ 竹沢御殿

　12代藩主斉広は1822（文政5）年、家督を斉泰に譲り、現在の兼六園の一角に、広大な竹沢御殿を造営して隠居所とした。若い藩主である斉泰を補佐するため、竹沢御殿に教諭方を設置し、藩士に対し風紀取り締まりなど説諭を行った。また御殿の一角に綿羊小屋を設けて将軍から拝領した羊を飼育した。

答
46

① 能登島

　寺島蔵人は禄高450石で前田家に仕えた。15歳で藩校明倫堂の学校読師となる秀才で、改作奉行など主に農政、財政方面の実務を歴任した。領民に負担を強いる旧来の藩政を厳しく批判する気骨のある人物であった。ただ、寺島は藩主が斉広から斉泰に代わると、一転、冷遇され挙句に能登島配流となった。

答
47

④ 13代斉泰

　幕末の13代藩主斉泰は、幕府からの要請に呼応し、海防強化に本腰を入れた。大砲鋳造を促し、打木浜で試射、大野浜、宮腰浜、寺中村、畝田村に台場を設置した。鈴見村に鉄砲鋳造所を築造したほか1854（嘉永7）年に洋式武学校である壮猶館を創設した。海軍では金沢西町と七尾に軍艦所を設けた。

答
48

② 奥村栄実

　奥村栄実は幕末の加賀藩年寄で、加賀八家の1つ、奥村宗家11代当主。12代藩主斉広の治世では、藩財政悪化の責任を負わされて全ての役職を解任され失脚した。しかし、13代藩主斉泰の治世を迎えると、再び藩政に登用された。そして「天保の改革」と称される厳しい倹約と藩財政の再建に立ち上がった。

問 49

幕末の加賀藩で綱紀粛正、緊縮財政を進めた長連弘らを中心とする藩政改革派の結社は（　　）と呼ばれた。

① 天狗党　　② 黒羽織党

③ 実学党　　④ 勤皇党

問 50

14代藩主慶寧は、卯辰山を開拓して病院をつくり、（　　）と名付けた。

① 善隣館　　② 養老所

③ 養生所　　④ 撫育所（ぶいく）

問 51

加賀藩には（　　）と呼ぶ工芸工房があり、最初は武器・武具の管理や修理を行っていたが、やがて美術工芸品の制作を担い5代藩主綱紀のころ藩営工房として完備された。

① 御細工所　　② 御成御殿

③ 百工比照　　④ 春日山窯

問 52

加賀藩主14代のうち最も長命だったのは数え82歳まで生きた（　　）である。

① 3代利常　　② 5代綱紀

③ 11代治脩（はるなが）　　④ 13代斉泰（なりやす）

② 黒羽織党

黒羽織党は幕末の加賀藩で、藩政改革を主導した長連弘を中心とする党派を指す。金沢城下で私塾拠遊館を営んだ実学志向の儒学者上田作之丞の教えを信奉した集団。黒羽織党の名の由来には、集う際、常に黒羽織を着ていたという説と、黒羽織が方言でフグを意味し毒を内包する集団という説がある。

③ 養生所

14代藩主慶寧が金沢の卯辰山で行ったのは総合開発であった。自藩の富国強兵、殖産興業を期したもので、内容は病人の施療を行う養生所や貧民救済の撫育所を設置する社会福祉事業、繊維、製紙、製陶、金工などの工場や店舗を誘致する産業振興事業、さらに芝居、料亭、茶店などの開設事業を行った。

① 御細工所

御細工所は3代利常のころは金沢城三の丸にあり、手先の器用な武士が武器や具足の修理を行った。やがて、藩主の道具類や御殿の調度品など美術工芸品の制作を行うようになり、5代藩主綱紀が藩営工房として完備、細工人は高度な技術を磨いた。工房は後に新丸の岡島備中守邸跡地に移された。

② 5代綱紀

5代綱紀に継いで長生きしたのが、74歳まで生きた13代斉泰。60歳以上生きた藩主は61歳が藩祖利家、66歳が3代利常と11代治脩。在任期間が最も長かったのは78年間の5代綱紀。在任期間が最も短かったのは歴代藩主中、最も短命の、数え19歳で夭逝した9代藩主重靖で、わずか4カ月余だった。

問 53

1883（明治16）年、旧領内の文書史料収集を図る（　　）が、前田利嗣によって設立された。

① 御家録方　　　② 前田家編輯方

③ 前田育徳会　　④ 尊経閣文庫

問 54

加賀藩および前田家の動向を伝える基本史料「加賀藩史料」の刊行に尽力した前田家当主は（　　）である。

① 15 代利嗣　　② 16 代利為

③ 17 代利建　　④ 18 代利祐

問 55

1889（明治22）年、全国で31の市が誕生した。石川県ではただ1つ金沢であった。この時、市長に立候補したのが（　　）と長谷川準也で、（　　）が当選し初代市長となった。

① 片岡安　　　② 杉村寛正

③ 遠藤秀景　　④ 稲垣義方

問 56

日清戦争が終わって間もない1898（明治31）年、かつての金沢城二の丸に（　　）が置かれた。

① 第七師団司令部　　② 第六旅団司令部

③ 第九師団司令部　　④ 第三連隊司令部

② 前田家編輯方

答
53

最後の藩主14代慶寧の志した編纂事業を引き継いで、前田家15代利嗣は東京・本郷邸内に編輯方を設け、藩政関連史料の書写を進めて藩史編纂事業を始めた。史料調査には森田平次（柿園）ら有識者が当たり最初に史料を年代順に修正し前田家列伝など作成、この成果が「加賀藩史稿」刊行に結実した。

② 16代利為

答
54

16代当主利為は加賀藩の藩史編纂事業に熱心に取り組み、「加賀藩史料」や前田家に伝来した典籍類を翻刻した一連の「尊經閣叢刊」などを刊行した。加賀藩史料は、利為の要請を受け石川県史の編纂員であった日置謙が編集した藩の通年史料集で、1538（天文7）年から1871（明治4）年まで収録する。

④ 稲垣義方

答
55

稲垣義方は加賀藩士の家に生まれ、藩の改作奉行などを務めた。維新後、石川県大属、富山県上新川郡長などを務めた。金沢区長を経て1889年、第1回金沢市会議員選挙で自ら率いる稲垣派が長谷川準也率いる長谷川派に勝利し、初代金沢市長に就任した。長谷川準也は2代市長となった。

③ 第九師団司令部

答
56

廃藩置県とともに、金沢城は兵部省（後に陸軍省）管轄となり、軍の施設として整備され、1875（明治8）年には金沢城内にまず歩兵第七連隊が置かれ、98（同31）年には二の丸御殿跡に第九師団司令部が置かれた。85（同18）年に創設された第六旅団は金沢に司令部を置き、第九師団の管轄下に入った。

問57

金沢市広坂にある石川近代文学館の建物は、1891（明治24）年に建てられた（　）の赤煉瓦の校舎を利用している。

① 第四高等学校　　② 金沢工業学校

③ 金沢商業学校　　④ 石川県師範学校

問58

1887（明治20）年、金沢に創設された第四高等中学校（第四高等学校の前身）の初代校長は、（　）である。

① 溝淵進馬　　② 伊藤武雄

③ 柏田盛文　　④ 北条時敬

問59

旧金沢城周辺の堀のうち、（　）は明治末期に水が抜かれて幹線道路となり、のちに市街鉄道も敷設された。

① 大手堀　　② 百間堀

③ 白鳥堀　　④ 宮守堀

問60

昭和初期に運行していた（　）は、停車場が金沢駅から離れていた。

① 鉄道省北陸線　　② 浅野川電気軌道

③ 金沢電気軌道　　④ 金石電気鉄道

答57

① 第四高等学校

旧制四高の校舎は石川近代文学館とともに石川四高記念文化交流館となっている。赤煉瓦校舎は、フランスで建築を学んだ文部省所属の建築家山口半六（しこう）が設計し、1891（明治24）年に建てられた。建設翌92（明治25）年に旧第四高等中学校校舎となり、1950（昭和25）年の四高閉校まで使われた。

答58

③ 柏田盛文

初代校長の柏田盛文は鹿児島県議会議長を務め、同校長や薩摩出身の事務方が推進する軍事教練に強い抵抗感を持つ学生が多かった。北条時敬は金沢出身の5代校長で質実剛健の校風を確立した。溝淵進馬は三高（京都）、五高（熊本）の校長も務めた名物校長で、石川四高記念文化交流館前に銅像が残る。

答59

② 百間堀

近代、金沢城を取り巻く4つの堀のうち大手堀を残して百間堀と宮守堀は街路となり、百間堀には後に市電も通った。白鳥堀も埋め立てられて白鳥路となっていたが、2010（平成22）年、宮守堀の一部が水をたたえて復元され、復元後は「いもり堀」と親しみやすいひらがな表記となった。

答60

④ 金石電気鉄道

金石電気鉄道は金沢市の中橋駅から大野港駅までを結んだ北陸鉄道の鉄道路線金石線の前身。1898（明治31）年の金石馬車鉄道から始まり、金石電気鉄道が経営して、戦後、軌道法に則って北陸鉄道金石線が運営されたが、1971（昭和46）年9月1日廃止となった。廃止時の駅数は10駅だった。

金沢の材木商、(　　)が1925(大正14)年に開設したレジャー施設「粟崎遊園」は、少女歌劇団のレビューが人気を集めた。

① 木谷藤右衛門　　② 井村徳二

③ 平沢嘉太郎　　④ 三浦彦太郎

金沢出身の政治家(　　)の生家跡は「善隣館」が建設されたことでも知られる。

① 遠藤秀景　　② 片岡安

③ 戸水寛人　　④ 永井柳太郎

金沢で生まれた地域福祉施設・善隣館は、薬種商の安藤謙治らによって構想され、1934(昭和9)年、(　　)校下に誕生して以来、続々と設立された。

① 十一屋　　② 野町

③ 菊川町　　④ 材木町

1870(明治3)年、金沢医学館が創設されたのは、大手町の(　　)邸であった。

① 黒川良安　　② 高峰精一

③ 寺島蔵人　　④ 津田玄蕃

答 61

③ 平沢嘉太郎

平沢嘉太郎は浅野川電気鉄道社長で「北陸の材木王」と呼ばれた豪商。浅野川電鉄の終点である粟崎海水浴場に隣接する6万坪の敷地に「粟崎遊園」を開設した。一方、金石電気鉄道は終点の金石海岸近くに涛々園を開業し、両遊園地が集客の覇を競った。粟崎遊園は1941(昭和16)年、涛々園は43年閉業。

答 62

④ 永井柳太郎

永井柳太郎は大正から明治にかけて活躍した金沢出身の政党政治家。憲政会・立憲民政党所属。大日本育英会創立者。遠藤秀景は金沢出身の明治の政治家、開拓者、自由民権運動家。片岡安は第9代金沢市長で建築家、金沢市役所の旧庁舎を手掛けた。戸水寛人は金沢出身の法学者、政治家、法学博士。

答 63

② 野町

善隣館は1934(昭和9)年以降に、当時の方面委員(現在の民政委員)であった金沢市の安藤謙治、荒崎良道、浦上太吉郎らによって市内に設立されたセツルメント(地域福祉拠点施設)で、現在、市内に11館設置されている。市内における地域連帯の象徴とされ、市民の校下意識を補強している。

答 64

④ 津田玄蕃

現在、旧津田玄蕃邸は金沢市の兼六園に隣接する金城霊沢の前にあり、県兼六園管理事務所などに使われている。もともとは加賀藩の一万石の重臣津田玄蕃の邸宅として大手町にあり、1923(大正12)年に現在地に移された。明治時代までは旧金沢医学館(金大医学部の前身)として使われていた。

問1

戦災に遭わなかった金沢は城下町の面影や受け継がれた文化がそのまま残っており、2010(平成22)年に金沢城跡周辺や卯辰山公園、犀川や浅野川などの区域が国の(　　)に選定された。

① 重要文化都市　　② 重要歴史空間

③ 歴史的保存地区　　④ 重要文化的景観

問2

2015(平成27)年10月、国史跡に指定された「加越国境城跡群及び道」は、戦国時代、前田利家勢と佐々成政勢がにらみ合いを繰り広げた地で、(　　)と松根城の跡、古道「小原越」で構成されている。

① 柚木城　　② 切山城

③ 堅田城　　④ 高尾城

問3

金沢城公園にある建物のうち藩政時代に建てられ今に残っているのは、石川門と(　　)、鶴丸倉庫で、いずれも国重要文化財に指定されている。

① 三十間長屋　　② 五十間長屋

③ 菱櫓　　④ 二の丸御殿

問4

加賀藩前田家2代の前田利長は、客将として金沢にいた(　　)に内惣構を造らせたと伝えられる。

① 内藤如安　　② 高山右近

③ 細川忠興　　④ 蒲生氏郷

答1

④ 重要文化的景観

　文化的景観とは、風土に根差して営まれてきた人々の生活や生業のあり方を表す景観地を指し、地域の人たちが自然や風土と共生する中で育んできた原風景とも言えるもので、2004（平成16）年の文化財保護法改正に伴い、新たな文化財となった。重要がつくのはその最たるものである。

答2

② 切山城

　加越国境を挟んだ1584（天正12）、85（同13）年の前田軍と佐々軍との争乱の際、田近越に前田軍が朝日山城、佐々軍が一乗寺城を築き、南方の小原越に前田軍が切山城、佐々軍が松根城を築いた。さらにその南方の二俣越に前田軍が高峠城、佐々軍が荒山城を築いたが、一帯の中の限定地域が国史跡。

答3

① 三十間長屋

　金沢城公園内の建造物のうち、二の丸の五十間長屋と菱櫓は橋爪門続櫓とともに平成の復元事業で往時の雄姿を現した。鶴丸倉庫も戦後長らく草木に囲まれたままになっていたが、外壁及び屋根、内装がほぼ完全に復元された。二の丸御殿はつい最近、貴重な史料が発見され、復元は具体的検討に入った。

答4

② 高山右近

　高山右近は信長の家臣として摂津国（大阪府）で4万石の高槻城主だった。右近は武将の才と、南坊等伯と号し「利休七哲」の一人とされた教養を藩祖利家に買われ、1588（天正16）年から金沢に招かれた。1614（慶長19）年にマニラに追放されるまで、前田家二代に仕えて金沢城修築などで貢献した。

問5

東内惣構は、小尻谷坂から小将町を通り、味噌蔵町、橋場町を経て（　）をくぐり抜け、浅野川に注いでいる。

① 枯木橋　　② 梅ノ橋

③ 天神橋　　④ 常盤橋

問6

2代藩主利長は、父利家が肥前名護屋に出陣している際に、金沢城の高石垣の築造を任されたが失敗し、その後を受けて（　）が高石垣を築造した。

① 高山右近　　② 奥村栄明

③ 篠原一孝　　④ 本多政重

問7

以下のうち、金沢城のいわゆる「三御門」でないのは（　）である。

① 石川門　　② 尾坂門

③ 河北門　　④ 橋爪門

問8

金沢城の敷地には戦国時代、本願寺の加賀統治の拠点である金沢御坊（尾山御坊）があったが、金沢城公園内に残る（　）橋はその名残と言われる。

① 浄土　　② 来迎

③ 御堂　　④ 極楽

答5

① 枯木橋

惣構は、城下を「堀」と、城側に土を盛り上げた「土居」で囲んだ防御施設。城下町金沢では二重になっている。二重構造の内側は内惣構と呼び、1599（慶長4）年、2代利長が客将高山右近に命じて造らせた。外側は1610（慶長15）年、3代利常が重臣篠原一孝に命じ造らせた。それぞれ東西の水路で構成する。

答6

③ 篠原一孝

篠原一孝は若い頃から前田利家に仕え、利家亡き後、利長、利常と三代にわたって仕えた。城づくり、とりわけ石垣づくりのエキスパートで、二代利長は本丸東面の高石垣を篠原出羽守一孝に任せた。ただ、利長が望んだ傾斜ではなく、犬走りと呼ぶ段を設けたため逆鱗に触れたと伝わるがとにかく完成させた。

答7

② 尾坂門

金沢城三御門は金沢城の三の丸を取り囲む主要な城門。河北門、橋爪門、石川門の三つを指す。三御門のうち石川門だけが国重要文化財として残り、河北門は2010（平成22）年に、橋爪門は一の門が2001（同13）年、二の門が2015（同27）年に復元された。尾坂門は参勤交代の時などに使われた正門。

答8

④ 極楽

極楽橋は金沢城の二の丸から三十間長屋のある本丸附段に渡る橋。極楽橋の名は金沢城がもともと、一向一揆の拠点の尾山御坊（金沢御堂）だったことに由来する。尾山御坊時代には、参詣する人たちは、朝に念仏を渡りながらこの橋を渡り、夕方には日本海に沈む夕日を拝みながら極楽往生を願って帰ったとされる。

問9

1587(天正15)年、前田利家から100俵の知行を与えられた(　　)は、加賀藩に最初に召し抱えられた石垣職人といわれる。

① 穴生源介　　② 正木甚左衛門

③ 後藤杢兵衛　　④ 戸波駿河

問10

意匠性の高い色紙短冊積み石垣を有し、2015(平成27)年3月に金沢城公園内に復元された庭園は(　　)である。

① 飛鶴庭　　② 林鐘庵

③ 万年青緑庭園　　④ 玉泉院丸庭園

問11

金沢城は「石垣の博物館」といわれるが、そのうち、ほとんど加工しない自然石を積む最も古いとされる工法は(　　)という。

① 算木積み　　② 野面積み

③ 打ち込みハギ　　④ 切り込みハギ

問12

1602(慶長7)年、落雷のため金沢城の天守閣が焼失し、その跡に建てられたのが(　　)である。

① 三十間長屋　　② 武器庫

③ 米蔵　　④ 三階櫓

答9

① 穴生源介

　加賀藩前田家で最初に石垣職人を登用したのは、天正年中のこと。藩祖利家が越前府中（現越前市）で３万３千石の知行を得て統治していた頃、加賀藩最初の穴生である奥（穴生）源介が召し抱えられた。奥家の始祖は源太左衛門といい、越前で利家と出会ったとされる。生国は丹波とも、近江ともいわれる。

答10

④ 玉泉院丸庭園

　玉泉院丸（西ノ丸）は金沢城公園の西側に位置し、２代藩主利長の正室・玉泉院（永姫）が晩年を過ごしたことに由来する。玉泉院逝去後、屋敷を撤去。３代藩主利常は1634（寛永11）年、京都から庭師を招いて庭づくりを進め、池泉回遊式の庭園にした。さらに５代綱紀が「色紙短冊積み石垣」など造成した。

答11

② 野面積み

　野面積みは自然石積みともいう。打ち込みハギは割り石の形や大きさをそろえて積む上げる方法で粗加工石積みともいう。切り込みハギは正方形や縦長に磨いた石を隙間なく積み上げる方法で切り石積みともいう。算木積みは石垣の隅角にみられ、長方形の石を長短交互に組み合わせて角部の強度を強める。

答12

④ 三階櫓

　初期の金沢城では、本丸が藩主の住まいだった。藩祖利家は1587（天正15）年春までに天守を作らせたが、1602（慶長７）年、落雷のため焼失し翌年、三階建ての櫓である三階櫓が代用として建てられた。以降、金沢城に天守は再建されなかった。創建時の天守についての資料は皆無で復元不可能とされる。

64

問13

加賀藩がつくった道路のうち、宮腰(金石)往還を整備した藩主は(　　)である。

① 2代利長　　② 3代利常

③ 11代治脩　　④ 12代斉広

問14

金沢で最古の用水といわれる(　　)用水は、金沢城の建築に使う木材を運んだとされることから「御荷川」と呼ばれ、これが転じて「鬼川」の別名も伝わっている。

① 鞍月　　② 長坂

③ 辰巳　　④ 大野庄

問15

兼六園が兼ね備えるとされる「六勝」とは、「幽邃」、「人力」、「蒼古」、「水泉」、「眺望」と(　　)である。

① 宏大　　② 清寂

③ 流麗　　④ 回遊

問16

兼六園は最初から現在と同じ規模の庭園ではなかった。最初に庭として5代藩主綱紀の時代に整備されたのは、(　　)である。

① 瓢池周辺　　② 霞ヶ池周辺

③ 山崎山周辺　　④ 時雨亭周辺

答13

② 3代利常

宮腰は加賀藩にとって海上交通による物流を司（つかさど）る重要な外港に位置付けられた。金沢城下と宮腰を結ぶ往還をいわば「経済の動脈」と位置付けた3代利常は、金沢城から真っ直ぐ伸びる宮腰往還を造成させた。金沢城内の極楽橋に技師が立ち、予定する道筋に松明（たいまつ）を掲げさせて、直線路を造成したという。

答14

④ 大野庄

大野庄用水は、2代藩主利長の家臣の富永佐太郎（とみなが）が天正年間（1573—92）に開削し、金沢で最古の用水とされる。取水口は犀川の桜橋上流右岸にあり、延長約10.2㌔、幅平均約6㍍。一説には金沢城を築く際、大野庄用水を使って城下まで木材を運んだともされ、御荷を運ぶ御荷川転じて鬼川とも呼ばれた。

答15

① 宏大

兼六園の名は、中国・宋時代の詩人・李格非が書いた「洛陽名園記」の中の「湖園」の章に根拠を求めた。「宏大、幽邃、人力、蒼古、水泉、眺望」の六つの景勝が兼ね備わっているのが湖園だとしており、兼六園はまさに六勝兼備の名園であるというのである。松平定信が揮毫（きごう）した「兼六園」の扁額（へんがく）が残る。

答16

① 瓢池周辺

兼六園は、1676（延宝4）年、5代藩主綱紀が金沢城に面した傾斜地に別荘「蓮池御亭（れんちおちん）」などを建て、周辺に庭づくりをしたのが始まりとされる。一般には蓮池庭と呼ばれたが、正式には「蓮池の上御露地（はすいけうえおろじ）」として接待などに活用。場所は現在の瓢池周辺といわれる。蓮池亭は1759（宝暦9）年の大火で焼けた。

1880（明治13）年、兼六公園（現在の兼六園）内に建立された日本武尊像の台石の鏡石に刻まれた「明治紀念之標」の文字を揮毫したのは（　）である。

① 大山巌　　② 有栖川宮熾仁親王

③ 大谷光尊　④ 前田利嗣

成巽閣の前身の巽御殿に隠居したのは、13代藩主斉泰の母（　）である。

① 真龍院　　② 預玄院

③ 実成院　　④ 寿清院

66

金沢藩知事となった14代藩主慶寧が1871（明治4）年2月、兼六園を一般開放した際、つけた別名は（　）である。

① 偕楽園　　② 寿楽園

③ 与楽園　　④ 楽々園

問20

長寿と永劫の繁栄を庭園に投影した作庭思想を踏襲し、13代藩主斉泰が兼六園の霞ケ池に浮かばせたのは（　）島である。

① 方丈　　② 蓬莱

③ 瀛州　　④ 鵑鴒

② 有栖川宮熾仁親王

　日本武尊像は1880（明治13）年、西南戦争で政府軍に従軍した石川県出身の戦死者の慰霊を目的に造られた。高さ5.5㍍、台石6.5㍍、重さ5.5㌧。台座には金沢城玉泉院丸の庭石が使われ、像は銅製で、高岡市で鋳造された。屋外の銅像で日本最古。台座の石には蛇、カエル、ナメクジの形を組み込ませた。

① 真龍院

　1863（文久3）年、斉泰の正室溶姫が江戸藩邸から金沢城二の丸御殿に移った。これにより二の丸御殿御広式を御守殿と称し、建て替えが行われた。御広式に暮らしていた真龍院は金谷御殿に居を移した後、新築された巽御殿に移った。現在の国重要文化財成巽閣で、大名正室の隠居場の数少ない遺構だ。

③ 与楽園

　兼六園が初めて一般市民の目に触れたのが「与楽園」の名での期間限定の入園許可だった。翌年から常時開放され、1874（明治7）年、明治政府の太政官布告に基づき、兼六公園として正式に一般公開された。1922（大正11）年、「金沢公園」と名を替え名勝に指定されたが、24年、「兼六園」に戻した。

② 蓬莱

　蓬莱島は、実は初めから池の中に浮かぶ島として造成されたのではなく、13代斉泰の時代に築山を設けるため、池を掘り下げて島にした。中国古来の神仙思想に基づき、永劫の繁栄、不老長寿の願いが込められ、島全体で万年生きる亀を表し、対岸の唐崎松を千年生きる鶴に見立てたと伝わっている。

問21

兼六園を代表する景観となっている「徽軫灯籠」が
面している池は（　　）である。

① 瓢池
② 長谷池
③ 沈砂池
④ 霞ケ池

問22

兼六園の栄螺山の頂には、避雨亭と、青戸室石と赤
戸室石を組み合わせた（　　）がある。

① 三重宝塔
② 海石塔
③ 御室の塔
④ 幽玄塔

問23

鉱山王横山家が残した（　　）は、庭師小川治兵衛が
手掛けた。

① 西田家庭園
② 辻家庭園
③ 松風閣庭園
④ 千田家庭園

問24

玉泉園は代々、加賀藩馬廻組頭などを務めていた
（　　）家の屋敷地で、1905（明治38）年に西田儀三
郎が入手し、1971（昭和46）年より財団法人西田家
庭園保存会の管理となり現在に至っている。

① 横山
② 不破
③ 脇田
④ 寺島

答21

④ 霞ケ池

徽軫灯籠は兼六園のシンボルとして親しまれてきた。その造りは足が二股になっており、先の足がちょうど琴の糸を支える琴柱に似ていることから命名された。徽軫灯籠は長脚と短脚のアンバランスがかえって破調の美を奏でているとされる。この灯籠の前に架かるのが赤戸室石の虹橋で、琴橋の異名がある。

答22

① 三重宝塔

三重宝塔は青と赤の戸室石を組み合わせた高さ6.5㍍の石塔。12代藩主斉広を供養するため建立された。施主は斉広の正室真龍院と側室栄操院（13代藩主斉泰の生母）。天保10年5月に二人で普請奉行に戸室石の切り出しを願い出た。7月には既に一重目が出来ているので、まもなく完成したとみられる。

答23

② 辻家庭園

小川治兵衛は近代日本庭園の先駆者とされる作庭家、庭師。1860（万延元）年、京都・神足村生まれ。小川治兵衛の作庭例には、京都の平安神宮、円山公園など国名勝に指定された一級の庭園が多い。1877（明治10）年、植木屋治兵衛こと小川植治の養子になり、79（明治12）年に七代目小川治兵衛を襲名した。

答24

③ 脇田

小将町にある県指定名勝の西田家庭園は、崖地を利用した上下二段式の池泉回遊式庭園。藩政初期、加賀藩大小将頭の脇田直賢が着工し、4代かけて竣工された。上段にある「灑雪亭路地」は、裏千家の祖・千宗室仙叟の指導により作庭されたと伝わる。下段の玉泉園は本庭、西庭、東庭の三つに分けられる。

武家屋敷として公開されている、大手町の寺島蔵人邸の庭園には、樹齢300年を超すといわれる（　　）があり、春は花、秋は紅葉が楽しめる。

① ドウダンツツジ　　② キクザクラ

③ マツ　　　　　　　④ シイ

2011（平成23）年10月に開館した鈴木大拙館に隣接している本多町３丁目の（　　）庭園は、市指定名勝になっている。

① 西田家　　② 松風閣

③ 直山家　　④ 本泉寺

宝町にある北陸大学所有の（　　）は、卯辰山を借景とする庭園に樹齢400年を超える「五人扶持の松」を備えている。

① 夕顔亭　　② 飛鶴亭

③ 成巽閣　　④ 林鐘庭

泉水、噴水施設、東屋など芸術性の高い独特の造形意匠が見られる（　　）は、2010（平成22）年２月に国の名勝に指定された。

① 成巽閣庭園　　　② 西田家庭園玉泉園

③ 末浄水場園地　　④ 尾山神社神苑

答
25

① ドウダンツツジ

　藩臣寺島蔵人邸跡庭園は市指定名勝で書院造りの居間に面した平庭形式の池泉回遊。春は可憐な白い花が無数に開き、秋は紅葉が楽しめる。市内のドウダンツツジでは、寺町4丁目にある日蓮宗妙法寺の巨木も有名。同寺は藩祖利家の弟佐脇良之と淀君の乳母との間に生まれた息女・円智院が開基である。

答
26

② 松風閣

　松風閣庭園は加賀八家（加賀藩8重臣）の筆頭である本多家（5万石）の下屋敷の池泉回遊式庭園。藩政期初期に作庭された。いわゆる「本多の森」の自然林と古沼を生かした霞ケ池が持ち味で、作庭は藩政初期の茶人・金森宗和の息子で、加賀藩に仕えた金森方氏が手掛けたのではないかと推定されている。

答
27

④ 林鐘庭

　林鐘庭は元々藩政期の与力の吉川牛右衛門（130石）の庭で、既に盆栽から育てた立派な枝ぶりの「五人扶持の松」があった。それが、明治末、医師の邸宅として引き継がれ、昭和に入って林屋亀次郎氏が自邸に取得、国務大臣として活躍した林屋氏は林鐘庭に時の首相10人を招いたとのエピソードがある。

答
28

③ 末浄水場園地

　末浄水場園地は市で最初に建設された浄水場で、犀川中流域に位置する。市中心部からは南東に約8㌔離れ、犀川上流部から引いた藩政期からの寺津用水を水源として、1930（昭和5）年から建設された。敷地は、沈殿池を配置したエリアと濾過池を配置したエリアに大別され、デザイン性に富む建物が魅力。

金沢で最も高い山は、標高1644メートルの奈良岳で、その山域は（　　）にまたがっている。

① 小矢部市　　　　② 南砺市

③ 白山市と南砺市　④ 小矢部市と南砺市

金沢市の里山にある「（　　）いこいの森」では、春にカタクリの花が群生し、ギフチョウが舞う姿も見られる自然環境保全区域に指定されている。

① 東原_{ひがしはら}　② 平栗_{ひらぐり}

③ 内川　④ 別所

富山県境の東原町には、金沢市天然記念物に指定されている（　　）の自生地がある。

① シャクナゲ　　② ササユリ

③ ミズバショウ　④ カタクリ

問32

約60センチと日本一長いミミズが生息し、その名にも冠せられているのは金沢市の（　　）町である。

① 大河端_{おこばた}　② 湊

③ 北間　④ 八田

答
29

③ 白山市と南砺市

金沢は二つの川、犀川、浅野川と二つの台地、寺町台地と小立野台地及び卯辰山から成る起伏に富む地形が特徴。近傍の山としては医王山や戸室山などがあるが、南東にそびえる山々の中で最高峰は標高1644㍍の奈良岳である。金沢の地形をツバメに見立てて、「燕台」の異名が古くから付けられていた。

答
30

② 平栗

平栗いこいの森は、金沢市自然環境保全区域でもある市南東に位置する里山の一帯で、ゆっくりと散策できる木道が整備されている。春は若葉や花々、秋は紅葉が目を楽しませてくれる。とりわけ、春は山野草のカタクリの群生地があり、環境省の準絶滅危惧種であるギフチョウが舞う光景を満喫できる。

答
31

③ ミズバショウ

金沢市東原町は石川と富山の県境に近い国道304号沿いの集落。ここでよく知られているのがミズバショウの自生地だ。春の訪れを告げる純白の「仏炎苞」が4月上旬、見ごろを迎える。山里でも比較的低地であること、日本海側では南限のまとまった群生地であることから市天然記念物となっている。

答
32

④ 八田

日本一長いとされるミミズの正式名称はハッタジュズイミミズといい、河北潟に近い田園地帯である八田町に主に生息する。ハッタミミズとも呼ばれ、よく伸びると1㍍近くになるのもいる。インドやジャワが原産の種がいつごろか、この地に移入したものとみられている。環境省の絶滅危惧種となっている。

問
33

加賀藩の重臣であった篠原出羽守が娘を嫁がせると
きにつけた坂の名を（　　　）と言う。

① 子来坂
こ らい

② 安産坂

③ 子宝坂

④ 嫁坂

問
34

常盤町から卯辰山の花菖蒲園にいたる（　　　）は、
ときわ
はなしょう ぶ
「藩主の厚き徳に帰する」という意味で名付けられ
た。

① 藩帰坂

② 藩厚坂

③ 帰徳坂

④ 帰厚坂

問
35

男坂と女坂があるのは（　　　）である。

① 不老坂

② 八坂

③ 観音坂

④ 馬坂

問
36

金沢平野の南東縁に発達する（　　　）断層帯では、
30年以内にM（マグニチュード）7.2程度の地震が
発生する確率が高いとされる。

① 森本富樫

② 角間山科

③ 不動寺窪

④ 角間富樫

答33

④ 嫁坂

嫁坂は小立野台の石引4丁目から本多町1丁目に降りる坂で、加賀藩の重臣の篠原出羽守が娘を本庄主馬に嫁がせるため造成したことに由来する。一方、邪険な姑が嫁を追い落として死なせたとの伝説に由来するとも言われる。長さ72㍍、最大斜度28度、平均斜度は14度。後世、バイパスの新坂が出来た。

答34

④ 帰厚坂

最後の藩主、14代慶寧は1867(慶応3)年、加賀藩の富国強兵、殖産興業策の一環として卯辰山開拓を掲げ、山域で社会福祉事業や産業振興事業、娯楽・飲食事業など総合開発を展開した。こうした慶寧の厚き徳望をたたえて、浅野川を渡り平地から山へと登っていく初めの坂に「帰厚坂」という名を付けた。

答35

③ 観音坂

高野山真言宗観音院に続く二つの坂を役割などで使い分けて観音坂男坂、観音坂女坂と呼びならわしてきた。男坂は藩政初期、寺域も現在よりもかなり広範であった卯辰観音院の参道として造成され、女坂は男坂の迂回路として1909(明治42)年に造られた。男坂も女坂も最近復活した観音町3丁目にある。

答36

① 森本富樫

森本富樫断層帯は金沢平野の南東縁に分布する、東側隆起の逆断層帯である。石川県津幡町から金沢市を経て白山市明島町付近に至る、長さ約26㌔の断層帯で、断層帯全体が一つの区間として活動すると推定され、マグニチュード7.2程度の地震が今後30年の間に発生する可能性は高いとされる。

問37

金沢城では、石垣や礎石などに、お城の東南東にある戸室山から切り出された戸室石が使われている。戸室石には赤戸室と（　　）戸室の２種類がある。

① 黄　　② 青

③ 白　　④ 黒

問38

金沢市の犀川上流にあった（　　）鉱山は、藩政時代に金が産出し、明治時代にも一時採掘が再開された。

① 倉谷（くらたに）　　② 金平

③ 高尾　　④ 倉月

問39

住宅地の一角に湧き出る「笠舞の大清水」は、（　　）の水源になっている。

① 九人橋川　　② 源太郎川

③ 母衣町川　　④ 勘太郎川

問40

旧町名である馬場（現東山）は（　　）に由来する。

① 岩根馬場　　② 関助馬場（せきすけ）

③ 大川馬場　　④ 木町馬場

答 37

② 青

戸室石は戸室山はじめキゴ山や医王山で採れる斜方輝石を主とした安山岩。その加工の容易さから、藩政期、金沢城の石垣、兼六園の石橋、庭石、水道管などに使われてきた。戸室山などで切り出された戸室石は小立野台地を通って金沢城に運び込まれたため、旧町名に石引の名が残っている。赤と青のおおむね2種があり用途によって使い分けた。

答 38

① 倉谷

倉谷鉱山は犀川上流の支流倉谷川流域にあった。1594（文禄3）年、または1608（慶長13）年に採掘が始まったと伝わる。金、銀、銅、鉛などを産出し、寛永時代に銀山として最盛期を迎えるが、その後、採掘量が減少し、1714（正徳4）年に廃絶した。明治、昭和に採掘が一時再開されたこともあった。

答 39

④ 勘太郎川

笠舞の大清水は住宅地に湧き出しており、石で囲んだ十畳ほどの浅い池になっている。農業用水の勘太郎川の水源となっており、下流部の水田を潤している。さらに、藩政期から付近住民の生活用水としても使われてきた。夏には、子供たちの水遊び空間にもなっている。

答 40

② 関助馬場

関助馬場は藩政初期、浅野川右岸の大橋下流の川縁に佐賀関助が開いた長さ約300㍍、幅約24㍍の馬術練習場。地名である馬場の由来となり、現在の東山3丁目の西側の一部に当たる。一方、犀川流域にも藩政期、同様に馬場があって西馬場町と言われた。現在の中央通町、長町3丁目に当たる。

氷室まんじゅうの元祖といわれる道願屋彦兵衛の墓があるのは（　）である。

① 誓願寺　　② 善妙寺

③ 玄門寺　　④ 蓮覚寺

卯辰山山麓寺院群のなかで、四万六千日参りが有名な寺院は（　）である。

① 西養寺　　② 宝泉寺

③ 観音院　　④ 寿経寺

卯辰山山麓寺院群にある寺院で、人形供養の寺として知られるのは（　）である。

① 真成寺　　② 全性寺

③ 妙泰寺　　④ 心蓮社

毎年5月中旬頃に加賀友禅の開祖とされる宮崎友禅斎をまつる、墓前祭が行われる卯辰山山麓寺院群の寺は（　）である。

① 来教寺　　② 龍国寺

③ 蓮覚寺　　④ 妙國寺

答1

① 誓願寺

誓願寺は卯辰山山麓寺院群の東山2丁目にある浄土宗寺院。道願屋彦兵衛は5代綱紀の治世、加賀から盛夏の江戸に、氷室に貯蔵した雪氷が無事に運ばれることを念じて、あん入りの饅頭を考案した菓子職人。誓願寺にはこのほか、藩政期の金沢城下町での金箔製造に功労があった越野佐助の墓がある。

答2

③ 観音院

観音院は卯辰山山麓寺院群にある高野山真言宗の寺院。毎年、旧暦7月9日に藩政期以来の宗教行事「四万六千日」が営まれる。この日にお参りすると四万六千日分の功徳があるとされ、境内で買ったトウキビを軒先に吊るすと、家内安全や商売繁盛など、さまざまなご利益があると言い伝えられている。

答3

① 真成寺

真成寺は卯辰山山麓寺院群の東山2丁目にある日蓮宗寺院で、鬼子母神をまつり、人形供養や水子供養で知られる。「真成寺奉納産育信仰資料」は国重要有形民俗文化財。歌舞伎役者の初代中村歌右衛門の墓、加賀蒔絵の祖・五十嵐道甫の碑がある。泉鏡花の小説「夫人利生記」「鶯花径」の舞台でもある。

答4

② 龍国寺

龍国寺は東山2丁目の曹洞宗寺院。1920（大正9）年に発見された加賀友禅の開祖とされる宮崎友禅斎の墓碑がある。毎年5月17日には、加賀染振興協会が主催する「友禅まつり」が開かれ、加賀友禅作家や着物関係商社などの関係者が集まり、友禅斎の遺徳をしのぶとともに業界の発展を祈念している。

寺町寺院群にある（　）は西南戦争のころ、金沢の不平士族が会合する拠点となり、その一員だった島田一郎（良）らは1878（明治11）年、東京の紀尾井町で内務卿の大久保利通を暗殺した。

① 三光寺　　② 妙慶寺
③ 妙立寺（みょうりゅうじ）　④ 本行寺（ほんぎょう）

寺町寺院群にあり、藩祖前田利家の長女・春桂院（こう）の菩提寺（ぼだいじ）は（　）である。

① 時宗玉泉寺　　② 曹洞宗玉龍寺
③ 曹洞宗月照寺　　④ 浄土宗開禅寺

80

寺町の（　）は国天然記念物の大桜で知られる。

① 常松寺（じょうしょう）　② 松山寺（しょうざん）
③ 松月寺（しょうげつ）　④ 西勝寺（さいしょう）

金沢四大仏の一つで、3代藩主利常ゆかりの阿弥陀如来坐像（あみだにょらいざぞう）を安置するのは（　）である。

① 極楽寺　　② 妙立寺
③ 大蓮寺　　④ 本龍寺

答5

① 三光寺

三光寺は野町1丁目にある浄土宗の寺院。加賀藩の不平士族の島田一郎(一良)や長連豪らがこの寺に集まり、時の政府に対する謀議を画策した。島田らは「三光寺派」と呼ばれ、内務卿大久保利通を1878(明治11)年5月14日、東京・紀尾井町清水谷で暗殺した紀尾井町事件で全国にその名を知られた。

答6

③ 曹洞宗月照寺

月照寺は、藩祖利家の長女幸姫(春桂院)の菩提寺として、春桂院の主人、加賀八家・対馬守長種の次男長時が建立した。1871(明治4)年に六斗の大火で焼失したが、7年後に前田家の屋敷の一部を移築して今日に至っている。境内と山門前にそれぞれ33体の観音像が置かれており参拝客を和ませる。

答7

③ 松月寺

松月寺は寺町5丁目の曹洞宗寺院。松月寺のサクラは、通称「大桜」「御殿桜」とも言われ、枝張りは東西に約20㍍、南北は約15㍍ある。伝承によると、3代藩主利常が小松城内にあったものを移植したと言われており、寺町寺院群内では貴重な古木。藩政中期の儒者室鳩巣のこの桜への詠詩が知られている。

答8

① 極楽寺

極楽寺は寺町5丁目の浄土宗寺院。3代藩主利常が越中守山極楽寺の第1世暫誉上人に帰依し、金沢に招いて創建した。金沢四大仏の一つで利常ゆかりの、丈六の阿弥陀如来坐像が鎮座する。後醍醐天皇の皇子初祖八宮明心仏眼法親王の木造を安置しており、本堂の朱塗りの欄干が格式の高さを示している。

問
9

金沢の寺院群のうち（　　）は、勘太郎川沿いに歩くと本行寺、瑞光寺、唯念寺、棟岳寺、真行寺などの寺院に加え、大乗寺坂、嫁坂、新坂など風情のある坂道を堪能できる。

① 卯辰山山麓寺院群　　② 小立野寺院群

③ 寺町寺院群　　④ 森本の法華谷

問
10

小立野寺院群にあり、泰澄大師が白山信仰の寺として越前国一乗谷に創建、藩祖利家の入城とともに、金沢に移った前田家の祈祷所は（　　）である。

① 浄土宗如来寺　　② 曹洞宗天徳院

③ 日蓮宗経王寺　　④ 真言宗波着寺

82

問
11

1962（昭和37）年7月の火事で本堂、納骨堂、金沢幼稚園などを全焼した（　　）は、本堂などが鉄筋コンクリート造りで再建された。

① 天徳院　　② 宝円寺

③ 金沢東別院　　④ 金沢西別院

問
12

県指定文化財となっている浄土真宗本願寺派金沢別院（金沢西別院）の経蔵は、上から見て六角形の建物に、内部は（　　）の回転式書棚が納まっている。

① 五角形　　② 六角形

③ 七角形　　④ 八角形

答
9

② 小立野寺院群

　日蓮宗本行寺は京都の本行院日海が創建した。日海は信長、秀吉、家康に仕えた囲碁の名人の本因坊算砂（さんさ）で、3代藩主利常にも指南した。曹洞宗棟岳寺は水戸天狗党を弔う水府義勇塚がある。加賀藩の蘭学医・吉田長淑（ちょうしゅく）の墓がある。曹洞宗真行寺は3代利常から当初、百姓町に寺地を拝領したが移転した。

答
10

④ 真言宗波着寺

　波着寺はもともと泰澄大師が白山信仰の寺として越前一乗谷に建立したが、藩祖利家が越前府中を統治していた時からの縁で、1583（天正11）年、利家が金沢城に入城したのに伴い、現在の兼六園の梅林付近に新天地を求めた。その後、規模を縮小して石引2丁目の現在地に移った。

答
11

③ 金沢東別院

　木造建ての6700平方㍍を全焼し鉄筋コンクリート造りとなった本堂も経年劣化し、2017（平成29）年7月、本堂の銅板葺き屋根を全面改修する工事に着手し、19（令和元）年春に竣工した。親鸞聖人1500年御遠忌に合わせた事業で20（令和2）年に門主を迎えて法要を営む予定だったが、延期された。

答
12

④ 八角形

　笠市町にある本願寺派金沢別院（金沢西別院）は1594（文禄3）年まで藩祖利家から袋町に寺地を与えられており、当時は西末寺と呼ばれた。1615（元和元）年に、現在地に移転した。多数の経典が納められている経蔵は、明治維新直前に建造されたもので、本堂、鐘楼とともに県有形文化財に指定されている。

現在、尾山神社のある場所は、かつて金沢城の（　　）であった。

① 二の丸　　② 三の丸
③ 玉泉院丸（ぎょくせんいんまる）　　④ 金谷出丸（かなやでまる）

（　　）の境内には、1632（寛永9）年に辰巳用水を開削した板屋兵四郎をまつる板屋神社の遥拝所（ようはいじょ）がある。

① 尾山神社　　② 尾崎神社

③ 金沢神社　　④ 宇多須神社

東茶屋街のすぐ近くにあって、「毘沙門（びしゃもん）さん」と呼ばれて親しまれ、米騒動ともゆかりがあることで知られる神社は（　　）である。

① 宇多須神社　　② 大野湊神社

③ 清滝神社　　④ 貴船神社

問
16

野町にある神明宮（しんめいぐう）は、境内の大きな（　　）でも知られる。

① ケヤキ　　② タブノキ

③ スギ　　④ マツ

答13

④ 金谷出丸

金谷出丸は藩政期、金沢城を取り巻く堀のうち宮守堀を渡って出入りする唯一の出丸だった。6代藩主吉徳の時代以降は、「金谷御殿」と呼ばれ、隠居した藩主らの居住地となった。1971(明治4)年の廃藩置県に伴い、金谷御殿に住んでいた13代斉泰は華族となり東京へ移住、跡地に尾山神社が建った。

答14

③ 金沢神社

金沢神社は11代治脩が藩校明倫堂の鎮守社として、金城霊沢のほとりに学問の神・菅原道真をまつった天満宮が始まり。その後、竹沢天神社となり、1874(明治7)年、金沢神社と改称した。1958(昭和33)年に境内に完成した板屋神社遥拝所には板屋兵四郎の「ご神像」が安置されている。

答15

① 宇多須神社

東山1丁目の宇多須神社は718(養老2)年の創建とされる。2代藩主利長が1599(慶長4)年に藩主利家の神霊をまつるため、卯辰八幡宮を創建した。その際、公然と利家を祀ることができず、越中守山(高岡市)から物部八幡宮、阿尾(氷見市)から榊葉神明宮を勧請し、明治まで一貫して藩社だった。

答16

① ケヤキ

神明宮は300年以上の歴史を持つ「あぶりもち神事」が有名。春秋の年2回営まれる厄よけ神事で、御幣に見立てた串刺しのもちをあぶって食べる。境内には樹齢千年を超える県内最大級のケヤキがあり、市指定保存樹の第1号。詩人中原中也は、金沢に住んだ幼少時の境内の興行を「サーカス」の詩にした。

問17

明治初年まで長谷山慈光院と称していた寺院は、現在の(　　)である。

① 尾山神社　　② 中村神社

③ 石浦神社　　④ 久保市乙剣宮
（く ぼ いちおとつるぎぐう）

問18

(　　)では毎年旧暦の7月26日、二十六夜の「下弦の月」を拝む神事「三光さん」が続いている。
（さんこう）

① 猿丸神社　　② 諏訪神社
（す わ）

③ 大野湊神社　　④ 金沢神社

問19

日本で唯一、香辛料の神様をまつり、「しょうが祭り」でも知られる神社は(　　)である。

① 下野間神社　　② 春日神社

③ 浅野神社　　④ 波自加彌神社
（は じ か み）

問20

旧新町の町筋の一角に(　　)があり、境内には巨木が繁っている。その脇には茶屋街へ通じる小道があり、「暗がり坂」と呼ばれている。
（しんちょう）

① 尾﨑神社　　② 久保市乙剣宮

③ 尾山神社　　④ 石浦神社

答 17

③ 石浦神社

　本多町３丁目の石浦神社は創建が古墳時代と伝わり、金沢最古の宮として三輪神社を号した。平安時代、神仏習合で長谷山慈光院を名乗った。藩政期、５代藩主綱紀が摩須姫の安産を祈願したとされる。2019（令和元）年、令和の事業として、101本の丹（朱）塗り鳥居を新設した。

答 18

② 諏訪神社

　寺町５丁目の諏訪神社の「月待ち神事」（月拝祭）の「三光さん」は350年前から続くとされる。発祥は室町時代の初期、1429（正長２）年に当時の豪族の富樫氏の周遊の地であった泉野領桜畠に同氏の起請により創建された「八幡宮」に由来する。３代藩主利常の治世、信州・諏訪の神を勧請したと伝来。

答 19

④ 波自加彌神社

　波自加彌神社は金沢市の森本地区、花園八幡町にあり、創建が718（養老２）年の旧郷社。国内唯一の香辛料の神をまつり、毎年６月15日の「はじかみ大祭」にはしょうがやからし、コショウなど様々な香辛料が祭壇にまつられ、全国の香辛料をなりわいとする業者らが参拝に訪れる。

答 20

② 久保市乙剣宮

　下新町の久保市乙剣宮は平安時代の初め、「乙剣大明神」と称し、加賀国小坂庄久保市村の産土神として創建されたと伝えられる。中世に至り、門前に北加賀地方の中心的市場が形成され、ここから金沢のまちが形成されたことから、この神社は「市場発祥の地」「商売繁盛の神様」として崇敬されてきた。

問 21

国会議事堂建設の責任者だった（　　）は、現在、しいのき迎賓館として活用されている旧石川県庁舎本館の設計に携わった。

① 谷口吉郎　　② 丹下健三

③ 矢橋賢吉　　④ 村野藤吾

問 22

石川県文化財に指定されている広坂の県有施設「城南荘」は、旧加賀八家の１つである（　　）の屋敷だった。

① 長家　　　② 村井家

③ 本多家　　④ 横山家

問 23

知事公舎の横に門が残る（　　）は、1854（安政元）年に設立された加賀藩の洋式武学校である。

① 壮猶館　　② 明倫堂

③ 広徳館　　④ 経武館

問 24

小将町中学校は、1881（明治14）年３月に旧制金沢区高等小学校として創立したが、のち（　　）の誕生により長町川岸に移転、さらに1900（明治33）年に小将町に移転し、現在に至る。

① 金沢第一中学校　　② 第四高等中学校

③ 金沢市立商業学校　　④ 金沢高等工業学校

答
21

③ 矢橋賢吉

矢橋賢吉(1869－1927)は美濃(現岐阜県)出身。東京帝大卒。建築家で大蔵省営繕官僚を務めた。国会議事堂のほか、旧首相官邸(首相公邸)、旧枢密院庁舎(皇宮警察本部)などが代表的作品。金沢ではスクラッチタイルを用いた旧県庁舎ほか、玉川町の近世史料館(旧金沢煙草製造所)の設計も手掛けたとされる。

答
22

④ 横山家

城南荘は、1894(明治27)年、藩政期に加賀八家の一つだった横山家の当主隆平が、小松の尾小屋鉱山で財を成し、居宅として建てた。明治中期に旧加賀藩の大工職人らを集めて建てた豪壮な邸宅であったが、戦後、石川県の福利厚生施設になった。1979(昭和54)年に県指定有形文化財となった。

答
23

① 壮猶館

加賀藩では11代治脩の1792(寛政4)年、明倫堂と経武館という2つの藩校を創設した。ところが、19世紀初頭を迎え、日本への欧米列強の進出が相次ぎ、13代藩主斉泰は海防のため、藩の洋学校創設を考え、明倫堂、経武館に並行して壮猶館を創立した。単なる兵学校ではなく、蘭学など西洋の学問を教える場であった。

答
24

② 第四高等中学校

第四高等中学校は、1886(明治19)年に公布された学校令に基き、87(同20)年に開校した旧制第四高等学校(四高)の前身。金沢第一中学校は本多町に校舎があった旧制中学で現泉丘高の前身。金沢市立商業学校は1900(明治33)年創立の、県立金沢商業高の前身。金沢高等工業は金沢大学理工学域の前身。

1932（昭和7）年に建設され、武蔵ケ辻の市街地開発事業に伴い、曳き家によって保存された地方銀行の建物は、日本を代表する建築家（　　）の現存する数少ない初期作品の一つである。

① 前川國男　　② 谷口吉郎
③ 丹下健三　　④ 村野藤吾

金沢市の名誉市民第1号の建築家（　　）は、東宮御所や帝国劇場などを手がけ、金沢市立玉川図書館は子息の吉生氏と共同設計した。

① 谷口吉郎　　② 黒川紀章

③ 安藤忠雄　　④ 丹下健三

金沢五木寛之文庫などが常設されている金沢市尾張町1丁目の金沢文芸館は、（　　）だった建物を再利用している。

① 証券会社　　② 銀行

③ 警察署　　　④ 裁判所

1899（明治32）年に建てられ、「三尖塔校舎」の呼び名で親しまれていた県立金沢第二中学校の校舎は現在、（　　）として活用されている。

① 金沢湯涌夢二館　　② 金沢くらしの博物館

③ 金沢蓄音器館　　　④ 金沢民芸館

答25

④ 村野藤吾

村野藤吾(1891-1984)は佐賀県出身で早稲田大学卒の建築家。「色と形に長けた建築家」と評価され、日生劇場や広島・世界平和記念聖堂などを設計した。北國銀行武蔵ケ辻支店(旧加能合同銀行本店)は村野藤吾の設計で、1932(昭和7)年に建てられた。外壁の3つの舟形アーチがモダンな感じを与える。

答26

① 谷口吉郎

谷口吉郎(1904-1979)は片町の九谷焼窯元「谷口金陽堂」に生まれた建築家。「近代建築の巨匠」と言われた。旧制四高から東大に進み、東京工大教授。愛知県犬山市の「博物館明治村」の開設に尽力した。金沢では県美術館(現・いしかわ生活工芸ミュージアム)や市観光会館(現・歌劇座)などを手掛けた。

答27

② 銀行

ルネサンス様式の金沢文芸館の元の建物は銀行で2005(平成17)年11月に改修し、市の文芸活動の拠点の一つとして生まれ変わった。西洋建築の様式をふんだんに取り入れ建築されたのは1929(昭和4)年。1919年から市電が走り始め、発展しつつある橋場かいわいのランドマークとして市民に親しまれた。

答28

② 金沢くらしの博物館

復活した飛梅町の「三尖塔校舎」は、1899(明治32)年に県立第二中学校の校舎として建てられた。屋根に三角形のドーマーウィンドウ風の装飾があり、県内では小松高等学校記念館(旧石川県第四中学校)、県外では長野県松本市にある旧開智学校などと同様、当時の標準的な学校建築様式を残している。

問29

1907（明治40）年に造られた（　　）の建物は、現在尾張町1丁目の町民文化館として利用されている。

① 金沢煙草製造所　　② 金沢貯蓄銀行

③ 金沢紡績工場　　④ 金沢駅

問30

「金沢（　　）のまち市民交流館」は、2012（平成24）年、片町2丁目の金澤町家「旧佐野家住宅」を改修してオープンした。

① 学生　　② 武家

③ 文化　　④ 観光

問31

県内の開花モダン建築をリードした宣教師による建築物として、金沢市の若草教会（旧日本基督教団金沢教会）や北陸学院の旧（　　）館が挙げられる。

① ライネルス　　② ヘッセル

③ ウィン　　④ ライザー

問32

外壁を約6000個の採光窓が覆う先進的なデザインが特徴の（　　）図書館は、2014（平成26）年にアメリカの大手旅行ガイドの「世界の魅力的な図書館ベスト20」に選ばれた。

① 石川県立　　② 金沢市立泉野

③ 金沢市立玉川こども　　④ 金沢海みらい

答 29

② 金沢貯蓄銀行

　町民文化館の建物は、開花モダンの洋風建築が地元経済の現場に浸透した好例。外観は和風の土蔵造りで、屋根には鯱（しゃち）もみられる。建設した頃、全国の商業地で火災が相次ぎ、明治政府が土蔵造りを推奨したのを受けたのだろうとみられている。広々とした空間やアーチ型の内部意匠に洋風化を感じさせる。

答 30

① 学生

　旧佐野家住宅は復活した木倉町から中央通りに抜ける道筋に面して建っている。建物は戦前、金沢近郊で広大な農地を所有していた佐野家が本宅として1916（大正5）年に建築した。建物は、主屋と土蔵のほか、表門と築地塀を備えている。主屋は切妻造（きりづまづくり）桟瓦（さんかわらぶ）葺き。大きな妻面は束（つか）、貫（ぬき）を表したアズマダチ。

答 31

③ ウィン

　トーマス・ウィン（1851－1931）は明治の日本で活躍した米国宣教師で、1879（明治12）年、ヘボンの推薦で石川県中学師範学校の英語教師になるため、妻のイライザらとともに金沢に赴任する。その時に住んだのが、現在、北陸学院高校などの敷地（飛梅（とびうめ）町（ちょう））内に建っている北陸学院ウィン館である。

答 32

④ 金沢海みらい

　金沢海みらい図書館は2011（平成23）年5月に開館した。設計したのは、建築家の工藤和美氏と堀場弘氏が設立した「シーラカンスK＆H」。構造的特徴は天井高12㍍の大空間に3層の蔵書・閲覧フロアを設け、上からハコが被さったような内部と、自然光を採り込む約6000の円窓を設けた白一色の外壁。

問1

秋冬の加賀野菜である（　　）は、肉質がやわらかいのに煮くずれせず、おでんや煮物に適している。

① 青首だいこん　　② 加賀かぶ

③ 源助だいこん　　④ 畝田だいこん

問2

1933（昭和8）年、金沢市打木町の篤農家松本佐一郎が（　　）から導入して育成を始めた打木赤皮甘栗かぼちゃは、厚い果肉としっとりした味わいが特徴の加賀野菜である。

① 北海道　　② 鹿児島県

③ 愛知県　　④ 福島県

問3

加賀野菜の（　　）は、「水前寺菜」ともいわれ、金沢には江戸時代に熊本から伝わったとされる。

① 小松菜　　　　　② 水菜

③ 二塚からしな　　④ 金時草

問4

加賀野菜のタケノコは、藩政期に足軽の岡本右太夫が（　　）から2株の孟宗竹を持ち帰ったのが始まりとされる。

① 京　　② 江戸

③ 大和　　④ 近江

答1

③ 源助だいこん

　源助だいこんは主に日本海に近い安原地区で生産される。肉質はやわらかいが、煮くずれしないため、おでんや煮物に適している。ジアスターゼをはじめとする消化酵素やビタミンC、食物繊維が豊富。打木町の篤農家の松本佐一郎が生みの親である。近年、脚光を浴びている金沢おでんにもよく使われている。

答2

④ 福島県

　打木赤皮甘栗かぼちゃは、打木町の松本佐一郎が1933（昭和8）年、福島県会津若松で生まれた赤皮栗という新品種を導入したのが始まり。円すい栗型の形状に濃いオレンジ色の表皮が特色。果肉は厚く粘質で、しっとりとした味わいがある。果肉にカロテンを多く含む。出荷時期は6月中旬から9月上旬。

答3

④ 金時草

　金時草は、和名がスイゼンジナ（水前寺菜）といい、キク科ギヌラ属の多年草で熱帯アジアが原産。葉の表が緑色、裏が赤紫色で、赤紫色が「金時イモ（サツマイモ）」に似ていることから名付けられたという。金沢では主に花園地区で栽培されている。6月下旬から11月中旬出荷。アントシアニンが豊富。

答4

② 江戸

　岡本右太夫は藩政後期の加賀藩割場足軽で、1766（明和3）年、江戸詰めから帰郷の際、孟宗竹2株を持ち帰り、自宅の庭に植えた。これが金沢に孟宗竹が入った始まりとされる。1817（文化14）年に亡くなったが、その遺徳をしのび、寺町3丁目の法華宗妙福寺で毎年たけのこ感謝祭が営まれている。

問5

加賀野菜で、初夏から秋まで長く収穫される「加賀つるまめ」の正式名は（　　）である。白花と赤花があり、金沢で栽培されているのは白花である。

① フジマメ　　② サヤエンドウ

③ ソラマメ　　④ エダマメ

問6

加賀野菜の「セリ」は、主に豊富な水量のある（　　）地区で栽培されている。

① 二塚　　② 崎浦

③ 諸江　　④ 花園

問7

主に金沢市打木地区で生産される（　　）は、カリウムが豊富で利尿作用があるといわれる。

① へた紫なす　　② 加賀太きゅうり

③ 加賀つるまめ　　④ 金沢一本太ねぎ

問8

婚礼などの祝いごとに出される加賀料理の鯛の唐蒸（たい からむ）しは、背開きにした鯛に（　　）などを詰めて蒸した料理である。

① おこわ　　② 味噌

③ 練り物　　④ おから

答5

① フジマメ

フジマメは加賀野菜では「加賀つるまめ」で、6月上旬から10月下旬、花園地区や富樫地区で生産されている。フジマメは、インド、東南アジア、中国などで広く栽培され、日本に入ったのは千年以上前とも言われる。ゴマ和えや油揚げとの煮物にして食され、栄養価は高い。別名にセンゴクマメ、アジマメ。

答6

③ 諸江

加賀野菜のセリは諸江地区の特産で、11月下旬から4月下旬出荷される。茎の長さは約40ᵈᵉᵃ、長くてやわらかくアクは少ない。1株の重量は約4ᵍ程度で、全国で最も茎が細く、細葉の類に属する。収量は茎の太いものより少ないが、品質は優れている。冬場の食卓に彩りと香りを届ける野菜として欠かせない。

答7

② 加賀太きゅうり

加賀太きゅうりは1936（昭和11）年に金沢市久安町の篤農家米林利雄が、仲買人から煮食用の東北の短太系キュウリの種子を譲り受け、近在の野菜農家7人に分けて栽培したのが始まり。長らく改良を試み、1952（昭和27）年ごろに現在のものになった。主産地は打木地区。出荷期は4月上旬から11月下旬。

答8

④ おから

鯛の唐蒸しは婚礼などの祝い事の時に作られる加賀料理である。背開きにした鯛の中に、卯の花（おから）、ニンジン、ゴボウ、ギンナンなどを詰めて蒸す。子宝に恵まれるようにとの願いも込められているという。背開きにするのは、藩政期、腹を切ると切腹をイメージし、縁起が悪いとされたからと言われる。

夏の味覚として、金沢市内の鮮魚店などで売られている「鉄砲焼き」は、(　　)やアジを材料にする。

① イカ　　② タコ

③ サバ　　④ イワシ

金沢の夏の風物詩(　　)は明治初期、長崎から金沢へ連れてこられたキリシタンが卯辰山での収容生活で生きるため、食べたのが起こりとされる。

① 鯨餅〔くじらもち〕　　　　② ドジョウのかば焼き

③ ナスそうめん　　④ 米饅頭〔まんじゅう〕

金沢で一般的な「オランダ煮」の食材は(　　)である。

① コンニャク　　② カボチャ

③ レンコン　　④ ナス

藩政期から金沢に伝わる「じぶ煮」は、カモなどの鳥肉や野菜と共に、金沢特産の(　　)麩〔ふ〕を食材に用いる。

① 車　　② つぶし

③ すだれ　　④ きむすこ

答9

① イカ

「鉄砲焼き」は、野菜入りのおからをイカやアジのワタを抜いた腹に詰め、竹ぐしに刺したれを付けて焼いたもので、夏の魚料理の代表格。双璧とされる夏の魚料理の定番に「色付け」がある。醤油や砂糖、みりんなどに片栗粉でとろみをつけた甘口のたれを、焼いたホッケやサバなどに絡めた串刺しを食する。

答10

② ドジョウのかば焼き

ドジョウのかば焼きは生きたドジョウを竹ぐしに刺し、たれを絡めて焼いたもので、夏の金沢の風物詩。ドジョウの骨の食感とほろ苦さが持ち味。明治政府の命で金沢藩に預けられ、卯辰山の施設に収容された長崎のキリシタンが困窮生活に精をつけるために食したのが始まりとされる。夏バテ防止に定評がある。

答11

④ ナス

「オランダ煮」は、夏場のナスをゆでこぼし、だし汁、砂糖、みりん、酒、しょう油で煮て、赤トウガラシを加えたものや、油で炒めて同様に煮たものをいう。オランダ煮の名は、この調理法が長崎県から日本全国へ広まった西洋の調理法とされ、藩政期、出島から伝わったのが由来とされる。

答12

③ すだれ

藩政期から金沢に伝わる「じぶ煮」は、カモなどの鳥肉に小麦粉をまぶして、シイタケやタケノコ、麩などを炊き合わせる料理で、とろみある煮汁にワサビを溶かし食べる。麩は表面にすだれ目がついた金沢特産のすだれ麩を使う。治部煮の名には、岡部治部右衛門が朝鮮から持ち込んだという説などある。

金沢で「みたま」と呼ばれる食べ物は（　　）である。

① ゆで卵　　　　　　　　② 仏壇に供えるごはん

③ 卵をまぜた寒天料理　　④ 黒豆の入ったおこわ

北陸から北の日本海にかけての深海に生息している
アマエビは、正式名称を（　　）という。

① ホクリクアマエビ　　② ホッコクアカエビ

③ ニホンサクラエビ　　④ ホクリクベニエビ

冬場、タラの雌の卵である真子をゆがいた後、ばら
ばらにほぐし、タラの身にまぶす刺身のことを
（　　）と呼ぶ。

① 子付け　　② 昆布じめ

③ 真子付け　④ 真ダラじめ

問
16

金沢で、秋に食される（　　）と呼ばれる魚は、つる
んとした食感でコラーゲンを多く含み、汁物や煮つ
けにして食べられる。

① ゲンゲンボウ　　② アブラボウズ

③ トウジン　　　　④ ホキ

答13

④ 黒豆の入ったおこわ

金沢では昔から法事や仏事用のおこわを、黒豆ともち米で炊き、小豆で炊いた慶事用の赤飯と区別してみたまという。ご先祖の霊が宿っているという意味で、「御霊」と漢字をあてる場合もある。選択肢にある卵をまぜた寒天料理は、春夏の氏神社の祭りなどに出し、「べろべろ」とか「はやびし」と呼ばれる。

答14

② ホッコクアカエビ

アマエビは金沢でも秋から冬にかけての高級食材。底引き網漁や籠漁で捕獲し、鮮度が持ち味。殻が柔らかく、身から離しやすい。生で食べると、グリシン、アラニンなどのアミノ酸による甘味があり、名の由来になったようだ。寿司や刺身で食べるのが定番だが、殻のまま煮る「具足煮」も庶民に親しまれてきた。

答15

① 子付け

タラの子付けは冬場、日本海沿岸で獲れるマダラの食べ方。昆布で包み味のしみたタラの身に、あらかじめ、湯通ししておいたタラの真子をほぐしてまんべんなく付ける。さっぱりとした白身に真子のコクとうまみが加わり、酒の肴としてもおかずとしても、冬季の金沢を代表する日本海の味覚の一つである。

答16

① ゲンゲンボウ

スズキ目ゲンゲ亜目ゲンゲ科ノロゲンゲ属の深海魚で、金沢では昔から「ゲンゲンボウ」と呼ばれてきた。どちらかと言えば、手ごろな価格で買え、食卓にはみそ汁の具としてよく用いられてきた。全身がゼラチン質で覆われたあっさり味の白身魚で、近年はコラーゲンが豊富と買い求める健康志向の客が多い。

夏の（　　）を塩漬けにし、天日干ししたものを「いなだ」といい、中元として加賀藩から将軍家に贈られたこともある。

① スズキ　　② タラ

③ ブリ　　　④ タイ

金沢では毎年7月1日に（　　）を食べる風習があり、5代藩主綱紀のころから始まったといわれる。

① かきもち　　② ゆべし

③ 大根ずし　　④ 氷室まんじゅう

金沢で「ハレの日」に用意される五色生菓子（ごしきなまがし）のうち、丸い餅の半分を赤い粉で染め、日の出を表すのは（　　）である。

① えがら（いがら）　　② ささら

③ うずら　　　　　　④ まんじゅう

金沢では桃の節句に、タイやエビ、果物、野菜の形を模した（　　）を買い求める客で和菓子店がにぎわう。

① 金花糖（きんかとう）　　② 福徳（ふっとこ（く））

③ べんだい　　　　　　　④ 辻占（つじうら）

答
17

③ ブリ

夏のブリは脂分が落ちるが、これをうまく利用したのが「いなだ」。夏の日差しで天日干しすると独特のうまみが凝縮される。3代藩主利常が保存食として作らせ、参勤交代の際に持参したとも伝えられる。高級食材とされるが、いなだを薄切りしたものをビールや冷酒でつまむのがたまらないとのファンも少なくない。

答
18

④ 氷室まんじゅう

氷室まんじゅうは、藩政期に菓子商の道願屋彦兵衛が、藩主が将軍に地下貯蔵しておいた氷を献上するならわしにことよせて、薄赤、薄緑、白の3種類のまんじゅうをつくり、無病息災を願って盛夏に食したのが始まり。中のあんはおおむねこしあんで、菓子屋によって、皮にコシのあるものも少なくない。

答
19

② ささら

五色生菓子は藩政期から伝わる金沢ならではの祝い菓子。今でも婚礼、建ち前などで需要がある。由来は、2代藩主利長の時代、御用菓子所を命ぜられた樫田吉蔵の考案で、1600（慶長5）年、3代利常に珠姫が輿入れした時、作られたと伝わる。色と形の違う5種類で構成し「日、月、山、海、里」を表す。

答
20

① 金花糖

金花糖はひな祭りでひな壇に飾られる、タイやハマグリ、モモ、タケノコ、ナスなどをかたどった砂糖菓子。木型に煮溶かした砂糖などを流し込んで固め、赤や黄、青などの色を着ける。13代藩主斉泰への献上品となった「にらみ鯛」の金花糖の木型が最古のものとして、老舗和菓子商・森八に残っている。

金沢の正月菓子である(　　)は、福俵、打ち出の小槌、
砂金袋をかたどった餅種を焼き、金を表す黄と、銀を
表す白に仕上げた菓子で、中には、金沢の婚礼調度に
用いられる土人形のミニチュアと金花糖が入っている。

① 塩せんべい　　　② 福徳せんべい

③ 福俵せんべい　　④ 金花糖せんべい

加賀野菜15品目にちなみ、全国から募集して決まっ
たイメージキャラクターは(　　)である。

① ベジッタくん　　② ベジ百万石

③ ベジちゃん　　　④ ベジタン

正月を前に毎年12月、藩主に献上した鏡餅を再現
しているのは(　　)である。

① 椿原天満宮　　　② 長田菅原神社

③ 田井菅原神社　　④ 泉野菅原神社

問24

彼岸の中日、無病息災を願って浅野川にかかる橋を
渡る「七つ橋渡り」で、渡らないのは(　　)である。

① 桜橋　　　② 天神橋

③ 中の橋　　④ 昌永橋

答
21

② 福徳せんべい

福徳は、金沢城二の丸御殿再建の祝宴に合わせて、前田家御用菓子司の樫田屋が考案した、縁起物の米俵や打ち出の小槌、砂金袋などをかたどった黄白2色の最中（も なか）の中に土人形や金花糖が入っている。12代藩主斉広（なりなが）の時代につくられたとされ、明治以降は一般にも売り出された。「ふっとこ」とも呼ばれる。

答
22

④ ベジタン

加賀野菜は1945（昭和20）年以前から主に金沢で栽培されている野菜で、15品目が認定されている。金沢市農産物ブランド協会はイメージキャラクターを全国から募集。打木赤皮甘栗かぼちゃをイメージした「ベジタン」を作成した。加賀野菜ブランドのシールとともに市内外でPRに活用されている。

答
23

③ 田井菅原神社

天神町1丁目の田井菅原神社では、毎年12月、迎春準備のならわしとして、藩政期に12代藩主斉広（なりなが）に献上されたと伝わる鏡餅が再現されている。丸と菱型の紅白餅多数を高さ1.2㍍に積み上げる床（とこ）飾り、台形の紅白餅を重ねる 櫓（やぐらもち） 餅、松の木を立てた蓬莱（ほうらい）飾りの3種類がある。

答
24

① 桜橋

浅野川の七つ橋渡りは、春と秋の彼岸の中日、浅野川に架かる七つの橋、常盤橋、天神橋、梅ノ橋、浅野川大橋、中の橋、小橋、昌永橋を、数珠を手に新しい白の下着で無言で渡り切る。歳をとっても身内に下の世話をかけずにすむという言い伝えに基く。同じものは犀川にはない。桜橋は犀川に架かる。

問25

小立野地区に伝わる（　　）は、前田利家の金沢入城を祝って歌い踊ったのが始まりとされ、上野八幡神社の秋祭りで奉納される。

① 餅つき踊り　　② 山王悪魔払い
③ 南無とせ節　　④ さかたおどり

問26

かつて金沢の平野部では、伏流水がわき出る（　　）を利用して、冷蔵庫代わりにスイカや野菜を冷やす光景が見られた。

① どっこん　　② こんこん
③ ぼっこ　　④ もっくり

問27

金沢の遊びである旗源平は２個のサイコロを使い二手に分かれて旗を取り合うが、サイコロの目で「５と１」が出れば一番良い目、逆に一番悪い目は「（　　）」である。

① 4と1　　② 4と2
③ 4と3　　④ 4と4

問28

金沢の婚礼風景に見られる「花嫁のれん」は、一般的には嫁入り当日に、嫁ぎ先の（　　）に掛けるしきたりがある。

① 玄関　　② 台所
③ 仏間　　④ 便所

答25

① 餅つき踊り

金沢市無形民俗文化財の餅つき踊りは、小立野地区旧上野町に伝承されてきた。氏神である上野八幡神社の9月15日の秋祭りに、隔年ごとに行われている。収穫の秋に、五穀豊穣（ごこくほうじょう）への感謝を表す庶民のならわしで、神社の境内で氏子たちがかわるがわる餅をつく。近年は子どもたちも参加するようになった。

答26

④ もっくり

起伏に富む金沢ではかつて平野部で自噴する湧水が数多くみられ、これらを金沢言葉で「もっくり」や「むっくり」などと呼んだ。特に海辺に近い集落では、祠（ほこら）をつくってこれらの湧水を大事にした。夏は冷水にスイカなどを冷やす光景がよくみられた。近年は舗装と河川の管理化が進み、なかなか見られない。

答27

② 4と2

旗源平は古くから金沢に伝わる正月遊びで、源氏と平家の二手に分かれ、さいころを振り、出た目で中旗、小旗を争奪する。4と2が出るのが最悪の目で、「しのーに」と呼び、中旗1本を相手陣に渡す。逆に最良の目は5と1で、「うめがいち」と声を挙げ相手陣から中旗1本をもらう。

答28

③ 仏間

花嫁のれんはかつて嫁入り道具の一つとされ、実家の紋が染め抜かれた華やかなのれんである。婚礼当日、嫁ぎ先の仏間にかけて、花嫁がくぐり仏壇にお参りする。嫁ぎ先の家風になじむようにとの願いが込められており、式を挙げた後、1週間は仏間にかけておくのが習い。

長町武家屋敷跡では、師走入りとともに、土塀を雪から守るために（　　）が行われる。

① 間垣直し　　② 雪吊り

③ こも掛け　　④ 雪囲い

半年の節目に、罪やけがれをはらい清め、無病息災を祈る神事「夏越しの大祓」が金沢の宇多須神社などでも行われており、これは（　　）といわれている。

① 夏越しくぐり　　② 茅の輪くぐり

③ 草の輪くぐり　　④ 大祓くぐり

本多町３丁目の石浦神社では、晩秋の七五三の際、子供が健やかに成長するようにと（　　）が行われている。

① 碁盤の儀　　② 尻たたき

③ 弓引き神事　　④ 子供歌舞伎

金沢百万石まつりの目玉行事である百万石行列は、2006（平成18）年から（　　）をスタート地点とするコースになった。

① 尾山神社　　② 鼓門

③ 金沢市役所　　④ 金沢城

答 29

③ こも掛け

こも掛けは、今やすっかり観光地となった長町武家屋敷の師走の風物詩となっている。冬期、土塀に浸透した水分が凍ることや、表面の雪が解けて土がはがれるのを防ぐために、竹ざおを土塀に当て、そこに稲わらでできたこもをかぶせるもので、1986（昭和61）年から行われている。

答 30

② 茅の輪くぐり

茅の輪くぐりは金沢の宇多須神社だけでなく、石浦神社などいくつもの神社で続いている初夏の神事である。境内の拝殿を前にしたところに青々とした茅を大人がくぐれるくらいの直径の輪に編み、参拝客にくぐってもらう。ご利益のあるくぐり方を神官らが丁寧に教えてくれる。

答 31

① 碁盤の儀

石浦神社では、毎年11月15日を中心に七歳、五歳、三歳を迎えた子供たちの健やかな成長を願って「七五三祭り」を行っている。この行事での圧巻は、平安時代の宮中行事に由来する「碁盤の儀」。盤上に自分の力で立つことで自立を願い、勢いよく飛び降りることで強い運を持ち帰る意味があるという。

答 32

② 鼓門

金沢百万石まつりは、加賀藩祖前田利家が1583（天正11）年6月14日に金沢城に入城したのにちなんだ金沢市と金沢商工会議所主催の市挙げての祭り。1952（昭和27）年の「商工まつり」が第1回とされ、70回近くの開催を重ねる中で、最大の呼び物である百万石行列のスタート地点は変遷を重ねた。

虎を描かせれば右に出る者はいない、と言われた絵師の（　　）は、1809（文化6）年から金沢城二の丸御殿の障壁画を手がけた。

① 長谷川等伯
② 岸駒
③ 狩野探幽
④ 円山応挙

加賀藩の御用絵師であった梅田家は、初代から10代まで狩野派の画系を守り、6代九栄は加賀藩主（　　）の肖像画を描いたことで知られる。

① 4代光高
② 6代吉徳
③ 10代重教
④ 12代斉広

江戸時代前期の狩野派の画家で、高岡・瑞龍寺の襖絵を制作したことで知られる（　　）は、石川県立美術館が所蔵する「四季耕作図屏風」などを残した。

① 俵屋宗雪
② 尾形光琳
③ 桃田守光
④ 久隅守景

幕末ごろの犀川周辺で暮らす人々の様子を細かく、生き生きと描き、石川県立歴史博物館が所蔵する「金沢城下図屏風」は（　　）の作である。

① 福島秀川
② 堀川敬周
③ 藤井半知
④ 石黒信由

答1

② 岸駒

岸駒は藩政後期の絵師で、越中国岩瀬に生まれたとも、金沢の商家に生まれたともされる。生年も1749、1756年の2説ある。虎の絵が得意。1790（寛政2）年の禁裏造営の際、円山応挙らと障壁画の御用を務め、1809（文化6）年に息子の岸岱とともに金沢城の障壁画を描いた。1838（天保9）年、京都で死去。

答2

③ 10代重教

加賀藩御用絵師の梅田家は藩政初期から続き、代々狩野派に学び、金沢城の二の丸御殿、金谷御殿、竹沢御殿などの障壁画を手がけた。初代の与兵衛は金沢から江戸へ出て、幕府奥絵師の狩野尚信に師事し、金沢に戻って梅田家各代が御用絵師として活躍できる素地を整えた。

答3

④ 久隅守景

久隅守景は江戸時代前期の狩野派絵師。狩野派中興の祖・狩野探幽門下の四天王に挙げられたが、後にたもとを分かち金沢へ。山水画、人物画を得意とした。代表作のうちの一つは国宝の「夕顔棚納涼図屏風」（東京国立博物館蔵）、もう一つは石川県立美術館が所蔵する国重要文化財の「四季耕作図屏風」である。

答4

① 福島秀川

福島秀川は金沢に生まれ、金沢城竹の間や奥書院二の間、小書院などの描画を担当した狩野派の絵師・狩野墨川に学んだ。風景画を得意とし、幕末の城下町金沢の街並みや暮らし、風俗を再現した「金沢城下図屏風」が知られる。ちなみに同屏風のうち「犀川口町図」は香林坊の地下道に再現されている。

問5

加賀蒔絵は、3代藩主利常が招聘した蒔絵師の（　　）と清水九兵衛によって、その礎が築かれた。

① 清水美山　　② 椎原市太夫

③ 五十嵐道甫　④ 竹内吟秋

問6

加賀藩の五十嵐派と、幕府御用の幸阿弥派の蒔絵表現を折衷して独自の作風を確立した（　　）は、明治期の金沢を代表する蒔絵師である。

① 米田孫六　　② 沢田宗沢

③ 松岡吉平　　④ 五十嵐随甫

問7

日本芸術院会員、蒔絵の重要無形文化財保持者（人間国宝）であった（　　）は、金沢出身で、文化勲章を受章した。

① 山崎覚太郎　② 魚住為楽

③ 木村雨山　　④ 松田権六

問8

漆芸人間国宝の寺井直次は、輸出を意識した堅牢な漆器開発を行い、アルミニウムを用いた（　　）漆器を完成させた。

① 軟金　　② 金胎

③ 近代　　④ 堅牢

答5

③ 五十嵐道甫

　五十嵐道甫は京都の名門出身で、初代と2代がいたが謎が多い。秋草文様を得意とした格調高い作風で知られる。代表作に国重要文化財「秋草蒔絵 硯箱（あきのまきえすずりばこ）」がある。清水九兵衛は前田家の呉服御用とされる家柄の出で、江戸から招かれた。技巧に優れ優美さも。代表作は国重要文化財「蒔絵和歌の浦図見台（けんだい）」。

答6

② 沢田宗沢

　沢田宗沢（1830－1915）は明治期に活躍した加賀蒔絵師。天保生まれで加賀国の人。梅田三五郎に加賀蒔絵を学び、独自の新法を考案し、遠近高低を際立たせた山水画や写実的な鳥類、魚類、虫類などを、重厚感と相反する清楚（せいそ）さを併せ持つ表現力で描き、中央からも高い評価を得た。琳派風（りんぱふう）の水の流れも得意とする。

答7

④ 松田権六

　松田権六（1896－1986）は金沢市生まれの蒔絵人間国宝（1955）で日本芸術院会員（1947）、文化勲章受章（1976）という不世出の巨匠。7歳で蒔絵の修業を始め、県立工業学校漆工科を卒業、東京美術学校を卒業し、同美術学校教授に就任、教鞭（きょうべん）を執る。代表作に県立美術館所蔵の「蓬莱之棚（ほうらいのたな）」がある。

答8

② 金胎

　寺井直次（1912－1998）は県立工業高校から東京美術学校に進み、松田権六らに師事した。卒業後、理化学研究所でアルミニウムを用いた金胎漆器を研究した。終戦後、金沢に里帰りし、県立工業高校教諭に就く傍ら、創作活動に励む。ウズラの卵の殻を使った卵殻の技法を駆使した作品が有名である。

問 9

金沢出身の漆芸家、赤地友哉は、木工の技法を応用した（　）によって、ゆがみのない漆器づくりを創案し、重要無形文化財保持者（人間国宝）にも認定された。

① 曲物造（まげものづくり）　　② 曲輪造（まげわづくり）

③ 挽物造（ひきものづくり）　　④ 挽輪造（ひきわづくり）

 問 10

重要無形文化財保持者（人間国宝）の（　）は、金銀の板金を用いた古代の漆工技術である「平文（ひょうもん）」を現代に生かして、穏やかな文様表現の作品を数多く制作した。

① 大場松魚（しょうぎょ）　　② 氷見晃堂（ひみこうどう）

③ 魚住為楽　　④ 松田権六（ごんろく）

 問 11

優れた感性と技量で加賀友禅を芸術の域にまで高め、1955（昭和30）年に、重要無形文化財保持者（人間国宝）となったのは（　）である。

① 談議所栄二（だんぎしょ）　　② 木村雨山（うざん）

③ 中儀延（なかよしのぶ）　　④ 和田雲嶂（うんしょう）

 問 12

加賀友禅作家の（　）は石川県指定無形文化財保持団体・加賀友禅技術保存会の初代会長である。

① 木村雨山　　② 毎田仁郎

③ 成竹登茂男　　④ 梶山伸

答9

② 曲輪造

曲輪はヒノキやアテなどの木材を柾目に沿って割り、数㍉の厚さに製材し、それらを二重から五重に組み合わせて漆器の素地とする技法を指す。赤地友哉（1906-1984）は金沢市生まれの漆芸人間国宝。曲輪造の素地制作から上塗りまで自ら一貫して制作、堅牢で近代的感覚にあふれる独自の作風を確立した。

答10

① 大場松魚

大場松魚（1916-2012）は金沢市出身の蒔絵人間国宝で県立工業学校を卒業した後、東京美術学校教授を務めていた松田権六に師事。第1回日展初入選以来、13回展まで連続入選。平文は漆器の加飾法の一つで、金銀などの薄板を文様に切って漆面に貼り、漆で塗り埋めてから研ぎ出し文様を表現する手法。

答11

② 木村雨山

木村雨山（1891-1977）は金沢市生まれの加賀友禅作家。加賀友禅作家では戦後初めての人間国宝。1977（昭和52）年に86歳で亡くなるまで、独自の技法を活かして、魅力的な加賀友禅の秀作を生んだ。金沢で暮らしていた南画家の大西金陽から日本画を、加賀染の名工の和田雲嶂から加賀友禅を学んだ。

答12

④ 梶山伸

梶山伸（1908-1997）は金沢市生まれの加賀友禅作家。父星年に師事。1926（昭和元）年、金沢市実業練習生として、東京三越百貨店染工部に派遣され、1年間、友禅技術を研修後、家業を継いだ。41（同16）年、新文展に初入選、以後、日展で活躍し、加賀友禅技術保存会の初代会長を務め後進を育成した。

問13

加賀友禅は染めた後、繍いや摺箔などの加飾を施すことが少ない点が、京友禅と異なる特徴の一つで、染めそのものの趣と白い（　　）の美しさが生かされている。

① 生地　　② 糸目

③ 余白　　④ 絹目

問14

加賀友禅の色彩の基調となっている加賀五彩に含まれないのは、以下のうち（　　）である。

① 群青　　② 古代 紫

③ 臙脂　　④ 黄土

問15

藩政後期、金沢で短期間ながら生産が行われた春日山窯を開いたのは（　　）である。

① 永楽和全　　② 粟生屋源右衛門

③ 青木木米　　④ 山本與興

問16

加賀藩士武田秀平は、春日山窯が文政初年ごろに廃絶したのを惜しみ、1822（文政5）年に（　　）を開いた。

① 卯辰窯　　② 民山窯

③ 鶯 谷窯　　④ 呉山窯

答13

② 糸目

加賀友禅の糸目は、花や鳥などの文様の輪郭に「糸目糊」という、染料がはみ出さない防波堤の役割を果たす糊を置いた跡の細い線をいう。手描きする際、もち米の粉を紙の筒に入れて絞り出し、下絵の線に沿って細く糊を引いていく。糊を置いた部分は染まらず白い線文となる。「友禅流し」で糊を洗い流す。

答14

① 群青

加賀友禅で描かれるのは花鳥風月の絵画世界。加賀五彩という藍、臙脂、黄土、草、古代紫を基調とした、落ち着いた彩色を施す。そして描写は、抽象化せず具象に徹するのが特色で、紅葉ひとつにしても虫食いや病葉など、自然のあるがままを忠実に着物に再現する。また、加賀友禅ではほとんど刺繍を施さない。

答15

③ 青木木米

青木木米は京焼の名工で、幕末の加賀藩に陶磁器産業を興す担い手として招かれた。卯辰山に連なる春日山に「春日山窯」と呼ぶ、瓦窯を再利用した窯を開いた。しかし、1808(文化5)年の金沢城火元の大火などに伴う藩財政逼迫により、木米はわずか1年余りで帰京し、窯の活動も10年余りで閉じてしまった。

答16

② 民山窯

民山窯は、春日山窯が廃窯となった後、加賀藩士の武田秀平(陶号・民山、別号・友月)が里見町の自邸屋敷内に築いた窯で、武田民山自ら上絵付けなどを行った。武田秀平は友月の号の木彫家としても知られ、特に成巽閣・謁見の間の極楽鳥の欄間は、藩御細工所名工だった友月の手になると伝わっている。

青木木米とともに加賀金沢に移った（　　）は、後に
能美郡若杉村（現・小松市若杉）に若杉窯を開いた。

① 後藤程乗　　② 武田民山
③ 本多貞吉_{ていきち}　　④ 奥田頴川_{えいせん}

後に文化勲章を受章した陶芸家の（　　）は、1896
（明治29）年に石川県工業学校に赴任した際、彫刻
科の教諭を務めた。

① 板谷波山_{いたやはざん}　　② 安達陶仙_{あだちとうせん}
③ 諏訪蘇山_{すわそざん}　　④ 北村弥一郎

加賀藩の茶堂茶具奉行であった千宗室の指導の下、
茶の湯道具を作ったのが初代の（　　）と宮﨑寒雉_{かんち}で
ある。

① 山上宗二　　② 大樋長左衛門
③ 古田織部　　④ 今井宗久

問
20

明治10（1877）年、長谷川準也が長町に創設した
（　　）では、水野源六ら3人の名工が職工頭取を務
めた。

① 製糸会社　　② 撚糸会社
③ 銅器会社　　④ 象嵌_{ぞうがん}会社

青木木米とともに加賀金沢に移った（　　）は、後に
能美郡若杉村（現・小松市若杉）に若杉窯を開いた。

① 後藤程乗　　② 武田民山
③ 本多貞吉（ていきち）　　④ 奥田頴川（えいせん）

後に文化勲章を受章した陶芸家の（　　）は、1896
（明治29）年に石川県工業学校に赴任した際、彫刻
科の教諭を務めた。

① 板谷波山（いたやはざん）　　② 安達陶仙（あだちとうせん）
③ 諏訪蘇山（すわそざん）　　④ 北村弥一郎

加賀藩の茶堂茶具奉行であった千宗室の指導の下、
茶の湯道具を作ったのが初代の（　　）と宮﨑寒雉（かんち）で
ある。

① 山上宗二　　② 大樋長左衛門
③ 古田織部　　④ 今井宗久

問
20

明治10（1877）年、長谷川準也が長町に創設した
（　　）では、水野源六ら3人の名工が職工頭取を務
めた。

① 製糸会社　　② 撚糸会社
③ 銅器会社　　④ 象嵌（ぞうがん）会社

答17

③ 本多貞吉

本多貞吉は1766(明和3)年、陶器生産の先進地・肥前島原に生まれた。京都に上り、青木木米に師事。木米とともに金沢で春日山窯を開いたが、廃窯となった。その後、良質な陶土を能美郡若杉村に見つけ招かれて、若杉窯を新たに開設した。粟生屋源右衛門、九谷庄三ら再興九谷の人材を育成した。

答18

① 板谷波山

板谷波山(1872－1963)は茨城県下館市生まれで文化勲章受章の陶芸家。波山は、1896(明治29)年に石川県工業学校(現県立工業高校)に彫刻家教諭として赴任するが、2年後に彫刻科が廃止され、代わって陶磁科を担当したことから、作陶に目覚めた。その後、東京を拠点として陶芸制作に打ち込んだ。

答19

② 大樋長左衛門

初代大樋長左衛門(1630-31－1712)は、河内国土師村出身で土師氏23代目と伝え、京都に住んでいた。加賀藩5代藩主綱紀の茶堂茶具奉行である裏千家4代仙叟宗室が1666(寛文6)年に金沢を訪れた際、長左衛門も茶碗師として同道した。まもなく河北郡大樋村に窯を開いたのが大樋焼の始まりである。

答20

③ 銅器会社

明治維新後、加賀藩の庇護を失った職人たちを救済するため、後に金沢市長になった長谷川準也らが1877(明治10)年、「銅器会社」を設立した。8代水野源六や初代山川孝次らを擁し、欧米輸出用の装飾品を製作した。さらに、ウィーンやパリなどの万国博覧会にも出品した。1892(同25)年ごろ解散した。

戦後、石川県工芸指導所所長を務めるなどし、加賀象嵌の第一人者とされた（　　）は、1957（昭和32）年に石川県指定無形文化財の認定を受けた。

① 米沢弘安　　② 金岡宗幸

③ 水野源六　　④ 高橋介州

宮﨑寒雉家は代々（　　）の制作にあたり、14代に至る当代まで金沢でその業を受け継いでいる。

① 茶の湯釜　　② 銅鑼

③ 刀剣　　　　④ 打ち刃物

1955（昭和30）年に、重要無形文化財保持者（人間国宝）に認定された金沢ゆかりの人物は、漆芸の松田権六と砂張銅鑼の（　　）らである。

① 魚住為楽　　② 高橋介州

③ 寺井直次　　④ 高村豊周

金沢市笠舞１丁目にある加賀の刀工清光の顕彰碑には、金工家（　　）の作になるブロンズ製短刀のオブジェが載っている。

① 蓮田修吾郎　　② 水野源六

③ 板坂辰治　　　④ 磯崎美亜

答21 ④ 高橋介州

　高橋介州（1905−2004）は大正末、県外派遣実業練習生の第1回生として東京美術学校の聴講生となった。東京では金工家の海野清に師事した。1929（昭和4）年には里帰りして、金工の教師を務め自らの腕を磨いた。戦後、県美術館長や県美術文化協会理事長などを務め、県内の美術工芸発展に寄与した。

答22 ① 茶の湯釜

　代々寒雉を襲名して茶の湯釜の制作に従事してきた宮﨑家は、穴水町中居出身の鋳物師だった。仁右衛門吉綱が藩祖前田利家に招かれ武具を製作した。吉綱の孫の彦九郎義一は5代藩主綱紀の御用釜師に取り立てられ、指導役であった裏千家4代千宗室仙叟より「寒雉」の号を受けた。当代は金沢市彦三町在住。

答23 ① 魚住為楽

　初代魚住為楽は、茶席・茶会で客の送迎の合図として鳴らされる銅鑼の制作に励み、鋳物で最も難しいとされる、銅と錫の合金である砂張を独学して研究し、清廉な音色を響かせる作品を完成させた。その高度な技術は息子や孫にも受け継がれ、3代魚住為楽は2002（平成14）年に人間国宝に認定された。

答24 ③ 板坂辰治

　板坂辰治（1916−1983）は金沢市生まれの彫金家、金沢美術工芸大学名誉教授。東京美術学校工芸家彫金部を卒業。戦後、金沢美術工芸専門学校講師から助教授、金沢美大教授。一貫して日展に出品し、青銅を素材に幾何学的な形を組み合わせ、骨太な造型感覚をうかがわせる力作を多数、制作している。

金沢の二俣地区では、加賀藩の時代から（　　）づくりが行われ、今も伝統産業となっている。

① 金箔　　② 焼き物

③ 漆器　　④ 和紙

終戦直後の1945（昭和20）年10月に金沢で開催された現代美術展では、日本画、洋画、（　　）、工芸の全4科に約250点が展示された。

① 書　　　② 彫刻

③ 写真　　④ 細工

石川県の美術工芸の近代化と発展の基礎作りに尽力した（　　）は、金沢工業学校（現石川県立工業高・金沢美術工芸大）の初代校長に就任した。

① 塩田真　　　　② 徳久恒範

③ 納富介次郎　　④ 森田亀之助

問28

石川県立美術館にある「色絵雉香炉」は、丹波国出身の（　　）の作で、1951（昭和26）年に国宝に指定された。

① 本阿弥光悦　　② 野々村仁清

③ 尾方光琳　　　④ 諏訪蘇山

答25

④ 和紙

和紙は金沢北東部の山間部・二俣町で1594（文禄2）年以来、藩の特別な庇護を受け、生産されてきた。加賀奉書に代表される高級品から一般的な和紙まで県内の和紙づくりをけん引してきた。現代では、透かし模様の入った透き模様紙や、型染め紙など美術工芸品に使われる需要も年々高まっている。

答26

② 彫刻

「文化によって日本再建を果たす」との志を結集して開かれた第1回現代美術展には、472点の応募があり、136点が入選した。日本画、洋画、彫刻、工芸の全4科で、審査員出品や招待出品も合わせて約250点が展示された。終戦後わずか2カ月弱、金沢市の人口が25万人という時代に来場者は4万人を超えた。

答27

③ 納富介次郎

加賀藩以来の工芸土壌の厚さを誇る石川県は工業・工芸教育の拠点づくりにいち早く動き、1887（明治20）年、国内初の工業高校である金沢工業学校（現石川県立工業高校）を設立した。初代校長は佐賀県出身の納富介次郎が就任した。教師陣には中央から招かれた実力者が多く、数多くの人材を輩出した。

答28

② 野々村仁清

野々村仁清は17世紀を生きた京焼の巨匠。石川県立美術館所蔵の国宝・色絵雉香炉は尾を水平に伸ばした雄キジを表現している。1951（昭和26）年に国宝に指定され、58（同33）年に金沢市在住の山川氏から県に寄贈され、同じ仁清作の国重要文化財の色絵雌雉香炉と対で県立美術館に常設展示されている。

問29

代表作「1982年　私」で知られる金沢ゆかりの洋画家（　　）は、金沢美術工芸大学の前身となる金沢美術工芸専門学校で学び、宮本三郎に師事した。

① 鴨居玲（かも　い　れい）　　② 村田省蔵

③ 中川一政（かずまさ）　　④ 清水錬徳

 問30

金沢出身の（　　）は、「白山の画家」とも称された日本画家で、雄大な霊峰に対するひたむきな愛着を繰り返し描き、スケールの大きなパノラマ風の作品を遺している。

① 吉田秋光（しゅうこう）　　② 玉井敬泉（けいせん）

③ 北野恒富（つねとみ）　　④ 高村右曉（ゆうきょう）

 問31

代々仏師の家に生まれ、京都で修業した金沢出身の木彫家（　　）は、1880（明治13）年、京都・大谷本願寺の阿弥陀堂が建築された際、請われて彫刻の作業に参加した名工である。

① 松井乗運（じょううん）　　② 相川松濤（しょうとう）

③ 中島東洋　　④ 都賀田勇馬（つ　が　た）

問32

金沢城下の町人で、天保期以降、幕府に対してそれまで認められていなかった金箔の製造を公認するよう求めて活動したのは、（　　）である。

① 喜多村彦左衛門　　② 三浦彦太郎

③ 釜屋彦九郎　　④ 越野佐助

答29

① 鴨居玲

鴨居玲は人間の根底に潜む闇や葛藤を描き続けた孤高の洋画家。生地は金沢、長崎など複数説ある。長崎県出身で新聞記者の父鴨居悠が金沢に着任して生まれたという説が有力。18歳で金沢美術工芸専門学校に第1期生として入学し、宮本三郎画伯に師事。兄の戦死に続き21歳で父が他界、壮絶な人生を送る。

答30

② 玉井敬泉

玉井敬泉（1889－1960）は石川県生まれの画家。白山や白山の高山植物、雷鳥などを好んでモチーフにした。のちに国立公園となる白山を国定公園にする運動にも尽力した。山麓の永井旅館を定宿として、降雪期以外は何度も山頂などに足を運び、霊峰白山を舞台に、遠近両方からの目で山と風物を描き続けた。

答31

① 松井乗運

松井乗運（1815－1887）は幕末から明治に活躍した金沢出身の木彫家。代々、仏師の家柄に生まれ、修業のため京都に上り、片岡友輔に付いて彫法を学ぶ。18歳の頃、金沢に帰り、家業を継いだ。1880（明治13）年、京都の大谷本願寺阿弥陀堂の建築彫刻には、石川県から選ばれて参加したほどの名工だった。

答32

④ 越野佐助

藩政期、金沢では金箔製造が公認されておらず、1845（弘化2）年、能登屋佐助が江戸の金座から金箔の売りさばきと密造取り締まり免許を獲得した。能登屋佐助は城下に製造を広めるため運動し、1864（元治元）年に金沢城の修復や藩の御用箔に限った製造許可が出て、その後の普及の礎を築いた。

問1

年に一度、金沢のひがし、にし、主計町（かずえまち）の三茶屋街の芸妓衆が繰り広げる「金沢おどり」の総踊り曲「金沢風雅」は、直木賞作家の（　　）さんが作詞した。

① 嵐山光三郎　　② 五木寛之
③ 唯川恵（ゆいかわけい）　　④ 村松友視（ともみ）

問2

金沢おどりでは、見せ場として小鼓と笛による「一調一管」から、「（　　）」を経て、2018（平成30）年から、乃莉（のり）さん独演の「一調」となっている。

① 一舞一管　　② 一調一舞
③ 一調一踊　　④ 一舞一芸

問3

金沢三茶屋街の日本舞踊はそれぞれ流派が異なり、ひがし茶屋街の日舞は（　　）である。

① 若柳流（わかやぎ）　　② 西川流
③ 寿柳流（としやぎ）　　④ 花柳流（はなやぎ）

問4

金沢芸妓特有の芸とされるお座敷太鼓の演目の一つに（　　）がある。

① 男女波　　② 虫送り
③ 五丁目　　④ 九丁目

答1

④ 村松友視

金沢風雅は2008（平成20）年の第5回に制作、村松友視作詞、大和流家元の大和久満作曲、日本舞踊西川流総師の西川右近が振り付け。歌詞は4題あり、1題目が「ひがし」、2題目が「にし」、3題目が主計町をうたい、4題目の三茶屋街で締める。どの歌詞も最後の文句は「さあさ　さあさ　飲んまっし」。

答2

② 一調一舞

一調一管は小鼓の乃莉さんと笛の峯子さんのペアで続けて金沢おどりの圧巻となってきたが、峯子さんが他界。代わって、乃莉さんと舞踊の八重治さんによる一調一舞となったものの、八重治さんも他界し、2018年からは、白髪の乃莉さんの鬼気迫る独演が聴衆に感動を呼んでいる。

答3

① 若柳流

日舞はこのほか、にし茶屋街が西川流、主計町は寿柳流。長唄はひがし茶屋街と主計町が杵屋流、「にし」が岡安流。笛は三茶屋街とも藤舎流、囃子は「ひがし」と主計町が望月流、「にし」が堅田流。各茶屋街は「立ち方」（踊り）「鳴りもの」（太鼓、大鼓、鼓、笛）「地方」（三味線と唄）の芸ごとに磨きをかける。

答4

② 虫送り

お座敷太鼓は、大太鼓と締太鼓を対とし、出囃子の曲を基にした三味線の曲に合わせながら、打ち分けて演奏される。お座敷太鼓の演目一式は順に竹雀、四丁目、八丁目、虫送りで、文字通り、お座敷で芸妓と客が息を合わせてドンドンツクツとばちをふるう。金沢おどりでもお座敷太鼓が披露されている。

問5

宝生流能楽師の初代（　　）が師事したのは、加賀藩御手役者筆頭の諸橋権之進である。

① 野村蘭作　　② 宝生九郎
③ 佐野吉之助　　④ 竹田権兵衛

問6

藩祖利家は（　　）の能を愛好し、3代藩主の前田利常はその流派の能役者を召し抱えたとされる。

① 宝生流　　② 金剛流
③ 観世流　　④ 金春流

問7

飯島六之佐は（　　）大鼓方の名手で、4代目は廃藩後も金沢にとどまり、加賀宝生の再興を図った。

① 飯島流　　② 葛野流
③ 岡安流　　④ 杵屋流

問8

宝生流能楽ワキ方の町役者で、初代が10代藩主重教の時代から60年にわたって奉仕したとされるのは（　　）である。

① 宝生英雄　　② 宝生重英
③ 野村万蔵　　④ 野村蘭作

③ 佐野吉之助

明治期に活躍した初代佐野吉之助は、加賀宝生を再興させた能楽師である。父の影響で能楽に興味を持ち、諸橋権之進に入門した。1900(明治33)年に佐野舞台(後の金沢能楽堂)を完成させ、翌年には金沢能楽会を発足させ、演能会を毎月開いた。「能楽時報」の刊行するなど様々な事業・興行に取り組んだ。

④ 金春流

加賀藩の能楽は藩祖利家の頃は金春流だった。3代藩主利常に、京住まいのまま加賀藩御手役者として400石で召し抱えられたのは、金春流の竹田権兵衛だった。井原西鶴の「世間胸算用」には、3代権兵衛広貞が興行した京都での勧進能を指し、「さすが百万石加賀の金春との評判」の文言が記されている。

② 葛野流

能楽大鼓方の一流派の葛野流は、流祖葛野九郎兵衛尉定之(日楽)が伊予の生まれで、大鼓方大倉流四世大蔵平蔵正氏に学び、秀吉・家康らのひいきで一家を成した。飯島六之佐は代々、加賀藩に仕え、大鼓方を務めた。4代目は廃藩後も金沢にとどまり、能楽再興を図った。5代目は名人として知られる。

④ 野村蘭作

宝生流能楽ワキ方の名門野村蘭作の2代は美声で名高く、藩主の引き立てで、御手役者の波吉太夫と張り合うほどの勢力となった。ただ、明治維新後、野村家の舞台や能装束は離散して没落した。しかし、17代宝生家の宝生九郎重英の妹婿が再興を図り、3代野村蘭作を襲名した。

問9

金沢城下における狂言は、10代藩主重教（しげみち）のころから（　　）流が盛んだった。

① 宝生（ほうしょう）　② 和泉（いずみ）

③ 金剛（こんごう）　④ 金春（こんぱる）

問10

加賀藩初期の茶道振興に功績のあった裏千家の始祖・千宗室仙叟（せんそう）の墓と辞世の句碑がある金沢市山の上町の（　　）では、茶道 隆 茗会が月釜の茶会を開いてきた。

① 曹洞宗月心寺　② 曹洞宗大乗寺

③ 臨済宗国泰寺　④ 浄土宗妙慶寺

問11

城下町金沢に茶道宗和流を興し、歴代継承してきたのは（　　）である。

① 林家家　② 大樋家

③ 金森家　④ 薮内家

問12

加賀藩の茶道は、藩祖利家と2代藩主利長は千利休の指南を受け、3代藩主利常は利休の高弟の大名茶人（　　）に学んだ。

① 古田織部　② 明智光秀

③ 毛利元就　④ 島津斉彬

答9

② 和泉

　和泉流狂言が主流になるにつれ、加賀藩の町役者を務めた野村家が脚光を浴びた。1784(天明4)年、八田屋万蔵(後の野村万蔵)は十八番の「狸の腹鼓」を演じ、10代重教からその絶妙の身振り手振りをたたえられて、白銀20枚を下賜されたうえ、苗字御免3人扶持を賜った。

答10

① 曹洞宗月心寺

　山の上町の曹洞宗月心寺には、茶道裏千家の始祖である千宗室仙叟の墓と辞世の句の句碑がある。茶室の直心庵は天保の頃の一井庵の古材を使用している。このゆかりに金沢の茶道家、美術商が「茶道隆茗会」を組織し、仙叟の遺徳をしのぶため、命日である毎月23日に、追善懸釜を開いてきた。

答11

③ 金森家

　金森家は金沢で宗和流家元を継承してきた。1625(寛永2)年、茶道宗和流の祖である金森宗和の子、七之助方氏が3代藩主利常に仕えた。宗和は陶工野々村仁清を指導し、御室焼を支援、前田家に仁清の水指を贈るなどした。7代目の知直が死去した際、加賀藩士の多賀宗乗が8代を継いだ。

答12

① 古田織部

　3代藩主利常は、古田織部のほか、茶人大名の小堀遠州に、4代藩主となった長男の光高とともに茶道の指南を受けた。遠州は「綺麗さび」という独自の美意識を茶室の造りに反映し、茶道遠州流の始祖となった。利常は遠州の娘と婿の子、小堀新十郎も召し抱えた。大聖寺藩の長流亭は遠州設計と伝わる。

問13

露地に紅白の梅を植え込んで風情を添え、「梅庵_{ばいあん}」と名付けた茶室を戦後、金沢市に寄贈したのは（　　）である。

① 嵯峨保二　　② 西川外吉

③ 野根長太郎　　④ 中村栄俊_{えいしゅん}

問14

加賀万歳のルーツは、前田利家が加賀藩祖となる前、（　　）を佐々成政_{さっさなりまさ}、不破光治_{ふわみつはる}とともに統治していた頃の、土着の万歳とされる。

① 越前大野　　② 越前府中

③ 越中砺波　　④ 越中魚津

問15

加賀万歳には３つの曲調があり、舞も格調の高い「式舞_{しきまい}」、おどけた「（　　）」、動きを楽しむ「所作舞_{しょさまい}」の３つに分けられる。

① 曲舞_{くせまい}　　② 艶舞_{つやまい}

③ 咄舞_{はなしまい}　　④ 柔舞_{やわらまい}

 問16

加賀万歳の人気演目「町尽し_{まちづくし}」の冒頭に出てくる神社は（　　）である。

① 白髭_{しらひげ}神社　　② 宇多須_{うたす}神社

③ 尾山神社　　④ 上野八幡神社

8

答13

④ 中村栄俊

中村栄俊（1908－1978）は中村酒造の代表で、金沢市議や金沢商工会議所会頭などを歴任。当時の金沢経済界の実力者の集まりである「番町会」の有力者で茶道具や書画骨董をよく収集した。1965（昭和40）年、中村記念館を設立、75（同50）年、美術や茶道具のコレクションを基に市立中村記念美術館を開館。

答14

② 越前府中

加賀万歳のルーツは藩祖利家が統治していた越前（福井県）にさかのぼる。領内の野大坪の農民たちが、領主の前で演じた越前万歳に発祥を見いだす。金沢入城後、利家が招いたのか、万歳役者がやってきたのかは定かではない。ただ、加賀万歳は越前万歳と違い、軒先の門付けではなく、各家の座敷で披露する習い。

133

答15

① 曲舞

加賀万歳の舞は、格調の高い「式舞」、ユニークでおどけた滑稽な舞い方の「曲舞」、思い入れたっぷりのしぐさや動きを楽しむ「所作舞」の3つに分けられる。曲調は、流れるようにうたわれる「流し」、一番、二番と番を追ってゆっくり歌われる「番物」、拍子に合わせてうたわれる「拍子物」に分けられる。

答16

④ 上野八幡神社

町尽しは小立野周辺に始まり、金沢駅の近くまでにある多くの町や神社仏閣、坂などが登場する。冒頭、「お城の源を訪ぬれば」ときて「上野で八幡御守り」と、まず現在、小立野2丁目に鎮座する上野八幡神社から始まる。石引などの小立野台地一円から東部に移り、中央、南部、北部と行脚する歌詞となっている。

問17

他の万歳になく、加賀万歳に特有の「鳴り物」は（　　）である。

① 小鼓　　② 小太鼓

③ ささら　　④ 笛

問18

1913（大正2）年に香林坊でオープンした、金沢で初めての映画専用劇場は（　　）である。

① スメル館　　② トルコ座

③ 菊水倶楽部　　④ 尾山倶楽部

問19

明治時代、下新町にあった寄席小屋は（　　）と呼ばれた。

① 酔狂亭　　② 福助座

③ 一九席　　④ 二八座

問20

1988（昭和63）年に設立された国内初のプロの室内交響楽団であるオーケストラ・アンサンブル金沢（OEK）の初代音楽監督は（　　）である。

① 山下一史　　② 尾高忠明

③ 井上道義　　④ 岩城宏之

答
17

② 小太鼓

加賀万歳は「やれやれ、やれやれ」の掛け声とともに、小太鼓でリズムを取る。加賀万歳を演じる太夫と才蔵が滑稽な掛け合いを演じるが、太夫は侍烏帽子（えぼし）に紋付き袴、大紋素袍（すおう）を身に着け、腰に小刀、手に扇を持つ。従者の才蔵は流しの場合は真っ赤な大黒ずきん、番物では角長のかます帽子をかぶる。

答
18

③ 菊水倶楽部

石川県で初めて映画が公開されたのは、1897（明治30）年で、興行師梅若が香林坊で営んでいた福助座である。1913（大正２）年には、金沢で初めての常設映画館である菊水倶楽部が香林坊にオープンした。1914（同３）年には第二菊水倶楽部、スメル館、大手館、キンシ館なども相次いでオープンした。

答
19

③ 一九席

一九席は下新町にあった寄席小屋で、大正14、15年ごろ全盛を極めたとされる。初代円遊、小さん、竹本東朝、娘義太夫に近江町兄弟などが聴衆を楽しませてくれたと伝わる。一九席の名は、名古屋から来た竹次郎の妻女義太夫の芸名竹本一九と、江戸時代の戯作者である十返舎一九の名からとったとされる。

答
20

④ 岩城宏之

初代監督岩城宏之の後、2007（平成19）年１月からは井上道義が務めた。09（同21）年12月、新設ポスト「アーティスティック・パートナー」に、指揮者の金聖響が就任した。初代の岩城宏之は、OEKを地方にありながらも、グローバルな感覚を持つ一流のオーケストラに導いた。

問21

「謡曲がふるふる　加賀宝生の」の歌詞が織り込まれたヒット曲「加賀の女(ひと)」を歌い、一世を風靡した演歌歌手は(　　)である。

① 村田英雄　　　② 五木ひろし

③ 氷川きよし　　④ 北島三郎

問22

歌詞に室生犀星や桜橋など、金沢にゆかりの固有名詞を盛り込んだ、松原健之(たけし)が歌う「金沢望郷歌」は(　　)が作詞した。

① 五木寛之　　　② さだまさし

③ 松任谷由実　　④ 村松友視(ともみ)

問23

白山市出身で金沢市在住、金沢に歌謡研究所を設立して、これまでに7000人以上に歌唱指導してきたのは(　　)である。

① 加賀山昭　　　② 乙田修三

③ 若杉しげる　　④ 吉川ゆきのり

問24

金沢出身で、1932(昭和7)年のロサンゼルス五輪で銅メダルを獲得し、1964(同39)年の東京五輪で日本選手団団長を務めたのは(　　)である。

① 山中毅　　　② 輪島博

③ 大島鎌吉　　④ 辻宏子

答
21

④ 北島三郎

金沢は加賀宝生が盛んな土地柄から、金沢では「空から謡が降ってくる」と言われており、北島三郎によって一時期、空前のヒットとなった。昭和の歌謡界を代表する星野哲郎の作詞。演歌ではこのほか金沢を歌詞に織り込んだものに、牧村三枝子の「友禅流し」があり、一時期ヒットチャートをリードした。

答
22

① 五木寛之

「金沢望郷歌」は「桜橋から大橋見れば」で始まり、金沢の有名な橋や地名、用水から特別名勝兼六園、室生犀星、泉鏡花、徳田秋声の三文豪、そして文人小松砂丘などの名前が登場するご当地ソング。有線の全国総合チャートで一時期トップに輝いた。五木寛之は金沢にちなみ「浅野川恋歌」も作詞している。

答
23

② 乙田修三

乙田修三は石川県に根を張り、歌手、作曲家として活躍してきた。「あゝ前田利家公」などを作曲。1960（昭和35）年、金沢市内に乙田修三歌謡研究所を設立し、これまで7000人以上の愛好者に歌唱指導を行い、プロ歌手も輩出してきた。1990（平成2年に「友禅流し」の作曲で第6回藤田まさと賞受賞。

答
24

③ 大島鎌吉

大島鎌吉は1932（昭和7）年のオリンピックロサンゼルス大会で、陸上男子三段跳びで銅メダルを獲得し、石川県内では初の五輪メダリストとなった。4年後のベルリン大会に出場して旗手となり、1964（昭和39）年の東京大会では日本選手団団長の大役も務めた。82年にアジア人初の五輪平和賞を受賞。

問1

金沢の三文豪のうち、その記念館建設地が生家跡地付近でないのは（　　）である。

① 島田清次郎　　② 徳田秋声

③ 室生犀星　　　④ 泉鏡花

問2

金沢の三文豪のうち、徳田秋声、泉鏡花の墓は東京にあるが、室生犀星の墓は金沢の（　　）にある。

① 寺町・宝集寺　　　② 卯辰山墓地

③ 千日町・雨宝院　　④ 野田山墓地

問3

泉鏡花の初恋の相手とされる、尾張町にあった時計店の娘は（　　）で、「照葉狂言」のお雪のモデルと言われる。

① 目細てる　　　② 湯浅しげ

③ ミス・ポートル　　④ 小寺菊子

問4

金沢市下新町出身の鏡花は1890（明治23）年、作家を志して上京し、（　　）門下となり、浪漫主義作家として活躍する。

① 島崎藤村　　② 二葉亭四迷

③ 尾崎紅葉　　④ 北村透谷

答 1

② 徳田秋声

徳田秋声の生家跡地は横山町であるが、記念館は東山1丁目でかなり離れている。室生犀星の生家跡地は旧裏千日町で記念館は同じ所に建っている。泉鏡花の生家跡地は下新町で、現記念館が建っている。島島清次郎は美川町（白山市）出身であるが、白山市にも、在住した金沢市にも記念館は存在していない。

答 2

④ 野田山墓地

徳田秋声は1943（昭和18）年に71歳で死去。墓は東京・谷中の臨済宗臨光寺にある。泉鏡花は1939（昭和14）年に65歳で死去、墓は東京・豊島区の雑司ヶ谷霊園にある。室生犀星は1962（昭和37）年に72歳で死去、金沢を愛した犀星の墓は、野田山墓地にある。犀星は肺がんのため、東京・虎の門病院で亡くなった。

答 3

② 湯浅しげ

湯浅しげは、尾張町にあった時計店の娘。2歳年上で、鏡花の初恋のひととされる。「照葉狂言」のお雪や、「一之巻」〜「誓之巻」の秀などのモデルになった。このほか作品のモデルになったのは米国人の伝道師女性のミス・ポートル、又従妹で安江町に現存する老舗針商の娘だった目細てるの2人である。

答 4

③ 尾崎紅葉

上京した鏡花は紅葉の門下となり、作家活動に入る。1899年、母と同じ名前の芸妓すずと出会い、神楽坂の自宅で同棲する。これを知った紅葉は激怒し、すずは結局、鏡花宅を出た。半年後、紅葉が胃がんで逝去後、すずは鏡花宅に戻った。すずは鏡花の名作「婦系図」に登場する芸者お蔦のモデルとされる。

問5

鏡花文学の最高傑作とされる（　）は、飛騨の山中で旅の僧が魔性の美女に遭う物語である。

① 「婦系図」　② 「夜叉が池」
③ 「化鳥」　④ 「高野聖」

問6

泉鏡花の母（　）は、加賀藩能楽の御手役者を務めた葛野流大鼓方・中田猪之助家の出身で、鏡花が9歳の時に他界した。

① 鈴　② 綾
③ 和　④ 笛

問7

金沢市が設けた泉鏡花文学賞の正賞「八稜鏡」に描かれている、鏡花が大事にした動物は（　）である。

① ネコ　② イヌ
③ ウサギ　④ サル

問8

徳田秋声の父・徳田雲平は、加賀藩の有力家臣である加賀八家のひとつ、（　）の家臣であった。

① 横山家　② 村井家
③ 長家　④ 本多家

答5

④「高野聖」

　高野聖は1900（明治33）年発表の鏡花の最高傑作ともいわれ、この作品で文壇的地位を不動のものにした。飛騨の山中で旅の僧が出会った、人や馬や牛などの動物に変えてしまう魔性の美女を描く。「婦系図」は早瀬主悦と愛人お蔦の悲恋物で07年発表。「夜叉が池」は戯曲。「化鳥」は浅野川中の橋が舞台。

答6

① 鈴

　鏡花の父の清次は優れた彫金、象嵌細工師として知られた。母の鈴は若くして亡くなり、以後、鏡花は母の墓がある卯辰山を聖なる場所として仰ぎ続けた。山麓近くに、鏡花が遺した「はゝこひし　夕山桜　峯の松」の俳句の自筆石碑がある。幼い頃の鏡花の遊び場は、下新町の自宅の前にある久保市乙剣宮だった。

答7

③ ウサギ

　酉年生まれの鏡花は、母の鈴に、十二支を円に配して向かい側になる干支、つまり「向かい干支」であるウサギを大事にせよと教わった。鏡花は身近な玩具や灰皿、水差しなど数多くのウサギグッズを集めて暮らしたようだ。白鳥路にある金沢三文豪の銅像でも、鏡花はウサギを手にしたポーズをとっている。

答8

① 横山家

　徳田秋声は1871（明治４）年、横山町に生まれた。父の雲平は加賀八家の横山家に属する70石取りの家臣で、母タケは津田采女の３女、雲平の４番目の妻だった。養成小学校（現馬場小学校）、石川県専門学校と進み、旧制第四高等中学校（旧制四高）に入学した。徳田家の菩提寺は材木町にある法華宗静明寺。

秋声は父の死を機に旧制四高を中退し、学友で後に反骨のジャーナリストとなる（　　）と文学を志して上京した。

① 藤岡作太郎　　② 桐生悠々（きりゅうゆうゆう）

③ 中野重治（しげはる）　　④ 石橋忍月（にんげつ）

秋声の金沢ものの中でも下新町の名前が登場する代表的な短編小説で、川端康成が「神の手になるもの」と高く評価したのは（　　）である。

① 「挿話」（そうわ）　　② 「和解」

③ 「町の踊り場」　　④ 「仮装人物」

秋声の（　　）は大正期の代表作で、自然主義文学の最高峰とされる。お島という女性の一代記で、成瀬巳喜男監督が映画化した。

① 「あらくれ」　　② 「爛」（ただれ）

③ 「黴」（かび）　　④ 「縮図」

問12

卯辰山にある徳田秋声文学碑に記される秋声の略歴は（　　）の筆になる。

① 泉鏡花　　② 室生犀星

③ 尾山篤二郎（とくじろう）　　④ 川端康成

答9

② 桐生悠々

　父の死去を機に四高を中退し、1892(明治25)年、学友の桐生悠々と文学を志して上京した。文学結社「硯友社(けんゆうしゃ)」を主宰する尾崎紅葉宅の門をたたいたが、受け入れられなかった。紅葉は秋声作品の読後感を「柿も青いうちは鴉(からす)も突き申さず候」と酷評する。しかし、秋声は泉鏡花の勧めで紅葉門下に入った。

答10

③「町の踊り場」

　「町の踊り場」は1933(昭和8)年発表。下新町のダンスホールが登場する「金沢もの」の中でも代表的な短編小説。次姉の太田きんの葬儀で帰郷した際の出来事をつづる。長いスランプから脱出した頃の秀作で、文豪・川端康成が「神の手になるもの」と最大級の賛辞で評価し、秋声を文学的復活に導いた。

答11

①「あらくれ」

　「あらくれ」は1915(大正4)年発表。秋声の妻の弟の恋人がモデルで、お島という女性の生涯を描いた一代記。「爛」は13年発表。女性の情愛と葛藤を描いた自然主義文学の成熟作品。「黴」は11年発表。師・尾崎紅葉の臨終と自身の結婚生活を題材としている。紅葉の死を巡り、鏡花と仲たがいする原因となった。

答12

② 室生犀星

　徳田秋声文学碑は1947(昭和22)年、金沢出身の文化勲章受章の建築家・谷口吉郎の設計で、卯辰山公園の望湖台の入口に建立された。秋声の自筆で「書を読まざること三日…」と記した陶板がはめ込んであり、犀星自筆の秋声の略歴、そして秋声の「生き延びてまた…」の辞世句が記されている。

問13

室生犀星は、尋常小学校、高等小学校を卒業した後、
（　　）に給仕として就職し、職場で先輩に俳句を学
び、文学に開眼した。

① 郵便局　　　② 銀行

③ 検察庁　　　④ 裁判所

問14

犀星は、はじめ俳句を学び、北声会の（　　）の指導
を受けた。

① 藤井紫影 (しえい)　　　② 正岡子規 (しき)

③ 河東碧梧桐 (かわひがしへきごとう)　　　④ 山村暮鳥 (ぼちょう)

問15

千日町の雨宝院は、室生犀星の小説（　　）の舞台と
して知られる。

① 「性に眼覚める頃」　　　② 「或る少女の死まで」

③ 「杏 (あんず)っ子」　　　④ 「天龍寺にて」

問16

1907（明治40）年、尾山篤二郎を中心に室生犀星、
表棹影 (とうえい)らを同人として文学グループ（　　）が結成さ
れた。

① 北声会　　　② 北辰詩社

③ 双葉会　　　④ 人魚詩社

答13

④ 裁判所

犀星は1895(明治28)年、野町尋常小学校(現・泉小学校)に入学。1900(同33)年、長町高等小学校に入学するが、3学年で中退し、金沢地方裁判所に給仕として就職した。職場で河越風骨や赤倉錦風ら先輩に俳句を学び、文学に開眼。15歳の時に投稿した俳句が北國新聞に掲載、最年少俳人と注目された。

答14

① 藤井紫影

北声会はホトトギス系の俳人グループで、犀星は北國俳壇を通じてその存在を知り、俳人たちと知り合いになる。中でも北声会の中心的存在であった旧制第四高等学校(四高)の教官藤井紫影と出会い、藤井による「句に痩せてまなこ鋭き蛙かな」の少年犀星への評価の句と指導を受けて、作句に目覚めた。

答15

① 「性に眼覚める頃」

「性に眼覚める頃」は1919(大正8)年発表。犀星17歳の頃、雨宝院や兼六公園(兼六園)が舞台の自伝的作品。少年犀星の性への目覚めとともに、友人の表棹影との交流を描く。1955(昭和30)年に、「麦笛」と改題された文芸作品として映画化された。「杏っ子」は、金沢・千日町や犀川が舞台の私小説的作品。

答16

② 北辰詩社

北辰詩社は犀星が金沢地方裁判所に勤務しながら文芸活動を行う中で知り合った歌人の尾山篤二郎、表棹影らとともに結成した。北辰詩社は機関紙「寒潮」、「響」を発刊し、切磋琢磨しながら、作歌、作句などを世に問い、たびたび集会を開き、習作を重ねていく。人魚詩社は萩原朔太郎らと1914(大正3)年創立した。

問 17

1924（大正13）年5月、室生犀星の招きで金沢を訪れた芥川龍之介が滞在したのは（　　）だった。

① 山乃尾〈やまのお〉　　② 鍔甚〈つばじん〉

③ 三芳庵別荘〈みよしあん〉　　④ 金城樓〈きんじょうろう〉

 問 18

大正時代のベストセラー「地上」の作者として知られる（　　）は美川町（現・白山市）生まれだが、父の死後、現在のにし茶屋街に母とともに移り住んだ。

① 泉鏡花　　② 島田清次郎

③ 中原中也　　④ 尾山篤二郎

 問 19

島田清次郎が女性監禁事件を起こして裁判沙汰になったとき、島田を援護したのは、金沢の三文豪の1人、（　　）である。

① 泉鏡花　　② 徳田秋声

③ 室生犀星　　④ 中野重治

 問 20

金沢生まれの国文学者（　　）は1909（明治42）年、加賀藩5代藩主前田綱紀の事績を記した「松雲公〈しょううんこう〉小伝」を刊行した。

① 北条時敬〈ときゆき〉　　② 野上豊一郎〈とよいちろう〉

③ 中野武営〈ぶえい〉　　④ 藤岡作太郎

答17

③ 三芳庵別荘

兼六園内の三芳庵別荘には、1924(大正13)年5月、犀星が芥川龍之介を招いた。芥川は4泊5日滞在し、そのことが日記や手紙に記されている。とりわけ、その滞在で芥川が心を惹かれたのは、「にし」の芸妓「しゃっぽ」だったという。三芳庵別荘は2008(平成20)年、老朽化が進んで取り壊された。

答18

② 島田清次郎

島田清次郎は1899(明治32)年、美川町に生まれた。生家は北前船の回漕業を営んでいた。父・常吉の死後、5歳の時、母方の祖父・西野八郎が営んでいた金沢・西の廓(現・西茶屋街)の茶屋・吉米楼(現在は西茶屋資料館として当時の造りを再現)の一室を借り、母みつと2人で移り住んだ。金沢で教育を受けた。

答19

② 徳田秋声

徳田秋声は島田清次郎が起こした海軍少将の令嬢を強引に連れ出したスキャンダル事件で、島田側に立ち、調停役を買って出た。相手女性の家と交渉を重ね、和解にこぎつけたエピソードは、秋声の人柄の一端を示している。この経緯を題材にして、秋声は1925(大正14)年、「解嘲」という小説を書いた。

答20

④ 藤岡作太郎

藤岡作太郎(1870-1910)は旧制第四高等中学校(後の四高)から東京帝大国文科を卒業した国文学者、文学博士。旧制三高(現・京大)教授から東京帝大助教授となり、日本文学史を全般にわたり講義した。国文学史関係の著者が多数ある中で、郷土の文人藩主・5代綱紀の事績を著述したのは異色である。

問21

石川県立図書館には、藤岡作太郎の旧蔵書である（　　）が所蔵されている。

① 李花亭文庫　　② 暁烏文庫

③ 紅葉山文庫　　④ 永青文庫

問22

馬場小学校にある「文学の故郷」碑には、同校出身の歌人尾山篤二郎の最後の歌集「（　　）」にある短歌が刻まれている。

① 草籠　　　　② 雪客

③ さすらひ　　④ 野をあゆみて

問23

金沢生まれの歌人（　　）は、金沢で室生犀星らと交友を結び、上京後は若山牧水らと交わった。古典研究にも優れ、後年「大伴家持の研究」などの業績により日本芸術院賞を受けた。

① 萩原朔太郎　　② 加能作次郎

③ 小松砂丘　　　④ 尾山篤二郎

問24

湯涌温泉に滞在した日々を回想した竹久夢二の自伝的な小説は「（　　）」である。

① 出帆　　　② 山へよする

③ 旅の巻　　④ どんたく

答21

① 李花亭文庫

李花亭文庫は、藤岡作太郎の遺族から石川県立図書館に寄贈された旧蔵書に名付けられたコレクション。国文学をはじめ、美術や国史関係の書籍が多数ある。李花亭の名は、金沢市旧早道町の作太郎の生家に、李（すもも）の木があったことから付けられた。例えば室町後期の西行著「西行上人集」は「西行論」の中に翻刻。

答22

② 雪客

「文学の故郷」碑は、馬場小学校の創立100周年の記念事業として校地の一角に建てられた。馬場小を卒業した3人の文学者である尾山篤次郎、徳田秋声、泉鏡花の作品の短歌、あるいは小説の一節を、ノーベル賞作家の川端康成が揮毫（きごう）した石板がはめこまれている。尾山篤次郎のは「この浦の蓮の一」の短歌。

答23

④ 尾山篤二郎

尾山篤二郎（1889－1963）は金沢市出身の、大正から昭和にかけての日本の国文学者、歌人、文学博士（東京大学）。金沢市立商業学校を中退後、詩歌をよくし、大正・昭和初期の中央歌壇で、鋭い舌鋒で鳴らし毒舌と恐れられた。1951（昭和26）年、「大伴家持の研究」などの業績で日本芸術院賞を受賞した。

答24

① 出帆

竹久夢二（1884－1934）は岡山県出身の画家、詩人で、やせぎすの瞳の大きい「夢二美人」と称される独特の美人画が有名である。金沢の湯涌温泉に恋人の笠井彦乃と逗留し、作品を遺すなど、金沢にゆかりが深い。「出帆」は1927（昭和2）年作の自伝的な小説で、湯涌温泉に滞在した日々もつづられている。

問25

「大正の歌麿」と騒がれた竹久夢二は、金沢とも深い縁を持っている。夢二と正式に結婚し、彼を世に出すことに成功した、金沢生まれの女性は（　　）である。

① 彦乃（ひこの）　　② お葉

③ たまき　　④ お島

問26

「おくのほそ道」の旅で金沢から越前松岡まで、松尾芭蕉に同行した加賀の俳人は（　　）である。

① 桜井梅室（ばいしつ）　　② 堀麦水（ばくすい）

③ 立花北枝（ほくし）　　④ 小杉一笑（いっしょう）

問27

松尾芭蕉は、金沢の俳人小杉一笑の追善句会を野町にある小杉家の菩提寺（ぼだいじ）（　　）で営んだ。

① 成学寺（じょうがくじ）　　② 願念寺（がんねんじ）

③ 長久寺（ちょうきゅうじ）　　④ 覚源寺（かくげんじ）

問28

香林坊にある（　　）の碑には、「明暗を香林坊の柳かな」の句が刻まれている。

① 松尾芭蕉　　② 小杉一笑

③ 尾山篤二郎　　④ 小松砂丘

答25

③ たまき

たまきの戸籍名は岸他方喜で、金沢の味噌蔵町（現・大手町）生まれ。1906（明治39）年、兄を頼って上京し、夢二と出会い、07年に結婚したが、2年余りで離婚した。夢二をめぐる女性ではこのほか、夢二最愛の女性とされる山梨県出身の笠井彦乃、彦乃を失った後の新しい恋人には秋田県生まれのお葉がいる。

答26

③ 立花北枝

立花北枝は加賀俳壇の重鎮で、小松出身の刀研ぎ師。蕉門の十哲の1人だった。金沢市山の上町の浄土宗心蓮社に墓がある。「おくのほそ道」の旅を機に弟子入りし、金沢から越前松岡（現・福井県永平寺町）の天竜寺まで芭蕉に同行した。その時、芭蕉翁から受けた教えの数々を「山中問答」にまとめた。

答27

② 願念寺

小杉一笑は加賀俳壇を担う逸材として嘱望され、芭蕉の金沢入りを心待ちにしていたが、芭蕉の来沢を前に死去した。願念寺で追善句会が営まれ、芭蕉は「塚も動け我泣く声は秋の風」の句を手向けて、その死を惜しんだ。一笑の兄ノ松編の「西の雲」は、芭蕉が一笑の他界を嘆いた追善句集となっている。

答28

④ 小松砂丘

小松砂丘（1896－1975）は「大衆に愛された昭和最後の文人」と言われ、香林坊や武蔵の繁華街の料理屋などに自作の俳句を記した、数知れない俳画を残している。飾らない人柄で、酒豪としても知られ、居酒屋などでは、飲むほどに酔うほどに興じて絵筆を握った。石川県俳文学協会の初代会長も務めた。

旧制四高から東京帝大に進みプロレタリア文学の作家となった森山啓の代表作の一つに、旧ひがし茶屋街や観音坂が舞台の「（　　）」がある。

① 紅蓮物語　　　② 海の扇
③ 市之丞と青葉　④ 谷間の女たち

自らの旧制四高時代を扱った中野重治の自伝的小説は、「（　　）」である。

① 梨の花　　　② 春さきの風
③ 歌のわかれ　④ 五勺の酒

旧制四高出身の作家井上靖は、社運をかけた闘牛大会の実現に奔走する中年の新聞記者の情熱を描いた小説「闘牛」で、第22回（　　）を受賞した。

① 芥川賞　　　② 直木賞
③ 菊池寛賞　　④ 野間文芸賞

旧制四高出身の作家（　　）は、直木賞受賞作「天才と狂人の間」や、「天皇の料理番」「近衛文麿」などの作品で知られる。

① 中野重治　　② 森山啓
③ 井上靖　　　④ 杉森久英

答29

③ 市之丞と青葉

　森山啓(1904-1991)は新潟県出身の詩人、小説家。学校の関係で石川県と縁を持ち、後年、松任(現・白山市)に住んで創作活動を続けた。「市之丞と青葉」は1956(昭和31)年発表の作品で、ひがし茶屋街や観音町の観音坂が出てくる。手取川の洪水で肉親を失った貧農の娘と水夫の物語となっている。

答30

③ 歌のわかれ

　「歌のわかれ」は、福井県出身で旧制四高文科を出た中野重治の1939(昭和14)年発表の作品。中野自身に近い青年片口安吉が主人公で、四高時代の暮らしぶりと東京帝大に進んだ初期の頃を描いている。室生犀星も登場する。この続編となるのが「街あるき」(1940年発表)と「むらぎも」(1954年発表)。

答31

① 芥川賞

　井上靖(1907-1991)は旭川市生まれの小説家。静岡県伊豆湯ヶ島で少年期を過ごし、旧制四高理科に進む。柔道部に入り、一方で詩作にふけった。「北の海」には四高時代のことが中心に書かれている。京都帝大を卒業後、新聞記者を経て、小説家となり、1964年に日本芸術院会員、76年に文化勲章を受章。

答32

④ 杉森久英

　杉森久英(1912-1997)は七尾市生まれで金沢で育った小説家、評論家。旧制四高から東京帝大国文科を卒業した。公務員から教員を経て中央公論編集部。「天才と狂人の間」は1962(昭和37)年に発表した、同郷の作家島田清次郎の伝記小説で、このほか多くの伝記小説を書き、「杉森デンキ店」の異名も。

問
33

代表作「雪の喪章」がテレビドラマや映画にもなった、小説家で詩人の（　　）は、女性として初めて室生犀星の弟子になった。

① 水芦光子　　② 広津里香

③ 井上雪　　④ 芦田高子

問
34

「金沢の町のちょっとした名物に、泥鰌の蒲焼がある。」という文で始まる古井由吉の小説は「（　　）」である。

① 雪の下の蟹　　② 長い町の眠り

③ 陽気な夜まわり　　④ 踊り場参り

問
35

五木寛之「朱鷺の墓」、曽野綾子「黎明」、高樹のぶ子「百年の預言」に、共通して登場する場所は（　　）である。

① 野田山　　② 兼六園

③ 金沢城　　④ ひがし茶屋街

問
36

女性作家の唯川恵、本谷有希子、女性脚本家水橋文美江が卒業したのは石川県立（　　）高校である。

① 金沢泉丘　　② 金沢二水

③ 金沢桜丘　　④ 金沢錦丘

① 水芦光子

水芦光子(1914-2003)は東山の箔商の家に生まれた詩人、小説家。女性として初めての室生犀星の弟子。犀星にはいわゆるファンレターを出した縁で犀星に師事するようになり、犀星の援助で1946(昭和21)年、詩集「雪かとおもふ」を出版し、後に小説も手掛けた。主な作品に「おんいのち」など。

④ 踊り場参り

古井由吉(1937-2020)は「内向の世代」の代表者といわれる小説家、ドイツ文学者。東京に生まれ、東京大学大学院を修了し、1963年から3年間、金沢大学で助手や講師を務めた。その時の生活体験を小説化したものが「踊り場参り」や「雪の下の蟹」などいくつかある。「杳子」で第64回芥川賞を受賞。

② 兼六園

五木寛之は戦後の一時期、金沢市小立野に住んで執筆活動を行った。様々な小説やエッセーに金沢を紹介している。曽野綾子は東京出身だが、金沢市寺町に疎開し、旧制金沢第二高女に編入、約11カ月いた金沢のことが「黎明」に書かれている。髙樹のぶ子の「百年の預言」は金沢が一つの舞台になっている。

④ 金沢錦丘

3人とも金沢錦丘高校を卒業し、唯川恵は短大を経て銀行に勤め、創作を行い「肩ごしの恋人」で第126回直木賞受賞。本谷有希子は錦丘高卒後、演劇活動の傍ら小説を書き、「異類婚姻譚」で第154回芥川賞を受賞。水橋文美江は専らテレビドラマや映画の脚本を書き近作にNHK朝ドラ「スカーレット」。

問1

金沢ことばで「えんじょもん」とは、(　　)のことをいう。

① よそもの　　② 遠慮している人

③ 手伝いの人　　④ おせっかいな人

問2

金沢ことばの「(　　)」は、イライラする、腹が立つ、という意味である。

① あだける　　② しゃもめる

③ はかいく　　④ おとましい

問3

金沢ことばの「いさどい」は、「偉そうな」「生意気な」の意味のほか(　　)という意味でも使われる。

① ずる賢い　　② 立派だ

③ 滑稽な　　④ みすぼらしい

問4

「いやらしい」「面倒な」「気に入らない」の意味をもつ金沢ことばは(　　)である。

① あぐるしい　　② いじくらしい

③ あせくらしい　　④ うざくらしい

答1

① よそもの

このほか、人を表す言葉に「あんか」＝長男、「おじ」＝次男、「こっぱおじ」＝三男、「そいあい」＝配偶者、「たーた」＝おんなの子、「ねんね」＝赤ん坊、「おあんさん」＝夫のこと、「あんにゃま」＝若い女性、「くそいちがいもん」＝超の付く頑固者、「ちゃわ」＝あわて者、「ちゃべ」＝おしゃべりな人、などがある。

答2

② しゃもめる

「精（気）を揉む」から転化し、「しぇいもむ」「しゃもめる」となった金沢ことば。似たような言葉の「はがいしい」「はんげー」＝「歯がゆい」「もどかしい」。他の３つの選択肢では、「あだける」＝ふざける、「はかいく」＝はかどる、「おとましい」＝もったいない。「おとましい」は古語の「疎まし」に由来するという。

答3

② 立派だ

悪口や人をけなす言葉として、「じまんらしい」＝生意気な・偉そうな、「ひねくらしい」＝大人びた・ませた、「げんぞらしい」＝わざとらしい、「きかん」＝気の強い・しっかりした、「いじくらしい」＝うるさい、「あてがいな」＝いい加減な、「ぐっすい」＝ずるい、「らくまつな」＝いい加減な・楽天的な、など。

答4

④ うざくらしい

「あせくらしい」＝忙しい。悪く言ったり、けなす言葉に「わらびしい」＝子供っぽい、「めとにする」＝バカにする、「ごたむく」＝文句を言う・理屈をこねる、「やくちゃもない」＝とんでもない、などある。

逆にほめる言葉として「あいそらしい」＝愛想がよい、「りくつな」＝たくみな・うまい、などがある。

問5

金沢ことばで「だやい」とよく似た表現は(　　)である。

　　① いじっかしい　　② ひねくらしい

　　③ ものい　　④ わらびしい

問6

金沢で使われる「かさだかな」ということばの意味は(　　)である。

　　① 腹いっぱい　　② たっぷりな

　　③ 気前がいい　　④ 大げさな

問7

「何をととのわんこと言うとるんや」の「ととのわんこと」とは、(　　)という意味の金沢ことばである。

　　① 人情味に欠けること　　② 融通がきかないこと

　　③ 理屈にあわないこと　　④ 面白味がないこと

問8

「だいばらや」という金沢ことばは、(　　)という意味で使われる。

　　① とても大変だ　　② とても満腹だ

　　③ ぜんぜんバラバラだ　　④ とても満足だ

答5

③ ものい

「だやい」「だえー」は「だるい」「疲れた」。「ものい」は「物憂い」から体の具合が悪いこと。このほか、心身の良くない状態の言葉として、「うたてな」＝物憂い、「おぞけが立つ」＝悪寒を感じる、「てきない」＝体がつらい、「歩くがひどいさけ、なごなる」＝歩くのがつらくて横になる、などがある。

答6

④ 大げさな

このほか、様子や状態、程度を表す言葉として「あいそんない」＝さびしい、「がんこな」＝すごい、「こんさつな」＝面倒な、「じゃまない」＝大丈夫だ、「へいろくな」＝こっけいな、「あったらもんな」＝もったいない、「こそがしい」＝くすぐったい、「だんない」＝かまわない、「じっくらーと」＝じっくり、などある。

答7

③ 理屈にあわないこと

理屈ばかり言う頭でっかちな人は「理屈こき」とけなされる。逆に、何でもうまくこなす人は「りくつな人」やとたたえられる。これらの形容は比較的、男子に向けられるが、一方、女子には、かわいらしい様子をいう「いちゃっけな」「あいそらしい」などが使われる。逆に気が強い向きには「きずいな」。

答8

① とても大変だ

「だいばらや」または「ばらや」という。同様の言葉に「はすわな」＝乱暴な、があり、そうしたことが現実に起こると、「ああ、はや、ばっかいならん」＝いやはや、どうしようもない、と諦めるしかない。同様の諦めを示すことばに「ちゃーつかん」、さらに「もう、だっちゃかん」＝もう駄目、がある。

問9

茶屋街で芸妓がよく口にする「おゆるっしゅ」は
（　　）という意味である。

① 堪忍ね　　　　② ゆっくりしてって

③ 落ち着かない　④ よろしく

問10

「苦労する様子」を指す金沢ことばは（　　）である。

① どくしょな　② くんずねんず

③ おおどな　　④ おとましい

問11

金沢ことばで「まどう」というのは、（　　）という
意味である。

① 弁償する　② 久しぶり

③ 迷う　　　④ 集合する

問12

「うまそな」という金沢ことばは、標準語と同じ「（食
べ物が）おいしそうな」「上手そうな」という意味と
は別に、（　　）という意味でも使われることがある。

① 頭がよさそうな　　② 健康で元気そうな

③ 愛嬌がある　　　　④ 嬉しそうな

答9

④ よろしく

茶屋街の芸妓は特有のやわらかい響きの金沢ことばで客をもてなす。別れ際の「おゆるっしゅ」も和ませるが、顔見せで「おいであそばせ」も緊張感を解きほぐす。「ありがとう」も「あんやと」。「ごせっかくに」＝「精をお出しになって」、「頑張るまっし」＝「がんばってください」もありがたい気配り。

答10

② くんずねんず

「どくしょな」＝薄情な・水臭い、「おおどな」＝おおざっぱな・ぞんざいな、「おーどばすな」＝おおげさな、もある。このほか、気持ち気質を表す金沢ことばでは、「いんぎらーっと」＝ゆったりと、「おんぼらーっと」＝ゆっくりと、など。「しなしなーと」や「やわやわと」も「ゆっくりと、落ち着いて」がある。

答11

① 弁償する

このほか動詞では「かたがる」＝かたむく、「こわす」＝両替する、「あしめにする」＝当てにする、「かってくる」＝借りてくる、「ねまる」＝座る、「おっちゃんする」＝正座する、「まぜてやる」＝「仲間に入れてやる」、「ちみる」＝つねる、「こそがす」＝くすぐる、「ごぼる」＝足が雪にはまる、「よぼる」＝呼ぶ。

答12

② 健康で元気そうな

このほか、標準語とは違う使い方で勘違いされやすいのは「かたい」、行儀のよいという意味で「なかなかかたい子や」などと使う。また、「あたる」とは「もらえる」という意味で、「粗品があたるといや」などと使う。「こわい」の使い方も独特で、食べ物の堅いものを「こわい」と表現する。

問 13

金沢の味の表現で、「くどい」とは(　　)という意味である。

① 油っこい　　② 甘い

③ 塩からい　　④ あくがある

問 14

金沢ことばで、食べ物でないのは(　　)である。

① はべん　　　　② もみじこ

③ きんかんなまなま　　④ ひろず

問 15

金沢ことばで、人と会話している際に使われる「ほやとこと」とは、(　　)という意味である。

① そうしておいて　　② そこがわからないね

③ うそだろう　　　　④ 本当にそうだよ

問 16

金沢ことばで「目が輝く様子」を表すのは(　　)である。

① かがかが　　② すーすー

③ けんけん　　④ ちゃがちゃが

答
13

③ 塩からい

だしのことを「したじ」ともいい、「このしたじ、ちょっこしくどないけ」などと使う。食べ物の味を形容する表現に、「しょむない」＝味が薄い、「すい」＝すっぱい、などがある。味覚をいうのではないが「ままのうまい」というのがあり、「胃が痛くならないからメシがうまい」と楽天家をけなす表現もある。

答
14

③ きんかんなまなま

「きんかんなまなま」は雪道が踏み固められてツルツルの状態をいう。「はべん」はかまぼこ、「もみじこ」は赤く着色したたらこ、「ひろず」はがんもどきを言う。このほか、食べ物では「いものこ」＝里芋、「おくもじ」＝漬け菜、「おつけ」＝味噌汁、「ぼぶら」＝カボチャ、「こけ」＝キノコ、「こーばこ」＝雌のカニ。

答
15

④ 本当にそうだよ

「ほや」の「ほ」は「そ」。同じ伝で「ほうけ」は「そうですか」。「ほうや」は「そうだ」。「ほんなら」は「それでは」。また、「おいね」「おいや」は「そうだね」と相槌を打つときの金沢ことば。「どいね」「どいや」は「どうだって」と問いただす金沢ことば。このほか、「なーん」「なんも」「なも」は「いいえ」の意味。

答
16

① かがかが

いずれも擬音語、擬態語で「すーすー」は風邪気味で悪寒がする様子、「けんけん」は鉛筆などの先がとがっているさま、「むたむた」＝ちらかっている状態、「ちゃがちゃが」はめちゃくちゃなこと、「きときと」は特に魚介類が新鮮であるさまで、すし店の名前にも。「がんがん」＝まぎれもない、などがある。

問1

金沢が生んだ世界的な仏教哲学者で、藤岡作太郎、西田幾多郎とともに「加賀の三太郎」と呼ばれたのは（　　）である。

① 氏家栄太郎　　② 高峰譲吉

③ 鈴木大拙（だいせつ）　　④ 中谷宇吉郎（なかや）

問2

高岡生まれ、金沢で育った化学者・高峰譲吉が開発した消化剤タカジアスターゼは、（　　）の製造について研究する過程で生まれた。

① ワイン　　② ビール

③ 焼酎　　④ ウイスキー

問3

梅本町（うめもとちょう）（現大手町）に建てられ、書斎や客室として使われていた高峰譲吉の実家の離れは2001（平成13）年、金沢城の（　　）前緑地に移築され、金沢市の管理となっている。

① 三の丸　　② 黒門

③ いもり堀　　④ 玉泉院丸

問4

日本初の理学博士として知られ、高峰譲吉らとともに理化学研究所の創設に尽力したのは金沢出身の（　　）である。

① 桜井錠二　　② 鈴木大拙

③ 木谷吉次郎　　④ 西田幾多郎

答1

③ 鈴木大拙

　鈴木大拙(1870-1966)は下本多町に生まれた世界的仏教哲学者で、「東洋の賢者」と欧米からも高い評価を得た。県専門学校を経て第四高等中学校(四高)に入学したが、体を壊すなどして中退している。大拙の本名は貞太郎で、四高で出会った西田幾多郎、藤岡作太郎とともに、「加賀の三太郎」と呼ばれた。

答2

④ ウイスキー

　高峰譲吉(1854-1922)は東京の工部大学校(現・東大工学部の前身)を卒業後、農商務省勤務を経て、1890(明治23)年、ウイスキー製造のため、米国に渡った。その研究課程でウイスキーを造り出す酵素の働きを薬に転用できないかと考え、コウジ菌の酵素群から消化剤「タカジアスターゼ」を開発した。止血剤「アドレナリン」の結晶抽出にも成功。

答3

② 黒門

　黒門前緑地には、高峰譲吉ゆかりの桜も移植されている。旧高峰家ゆかりでは金沢市にもう一つ、寺町5丁目に、高峰家の菩提寺の臨済宗国泰寺がある。「六斗広見」に面した同寺の土塀が明治時代、高峰の寄付によって修復されている。土塀にのる瓦には、高峰家の家紋である「八ツ矢車」が彫られている。

答4

① 桜井錠二

　桜井錠二(1858-1939)は金沢・東山に生まれた日本近代化学の父、わが国初の理学博士。能登の七尾語学所で、お雇い外国人教師のオーズボンから英語で教育を受けた。大学南校(現・東大)を卒業し、ロンドン大留学。学術研究会議(会長)や日本学術振興会(理事長)、理化学研究所の創設に尽力した。

問5

哲学者の西田幾多郎は旧制第四高等学校の教授時代、卯辰山にあった（　　）に参禅した。

① 自安堂　　② 寸心庵

③ 骨清窟（こっせいくつ）　　④ 洗心庵

問6

旧制四高の若き教師であった西田幾多郎が塾頭を務めた（　　）には、多くの優れた人材が集まった。

① 二々塾　　② 三々塾

③ 四々塾　　④ 五々塾

問7

旧制第四高等学校長、広島高等師範学校長、東北帝国大学総長、学習院院長を歴任した金沢出身の教育者（　　）は、西田幾多郎や木村 栄（ひさし）を育てた。

① 狩野亨吉（かのうこうきち）　　② 山本良吉

③ 北条時敬（ときゆき）　　④ 赤井米吉（よねきち）

問8

鈴木大拙の（　　）は最初英文で書かれ、後に日本語に翻訳された書物であり、国内外で広く読まれている。

① 「禅と日本文化」　　② 「武士道」

③ 「茶の本」　　④ 「日本的霊性」

④ 洗心庵

　西田幾多郎(1870－1945)は石川県河北郡森村(現・かほく市)生まれで、「西田哲学」を打ち立てた、日本を代表する哲学者。旧制四高、東京帝大卒業、母校四高で教鞭を執る。教授として心理学、倫理学、ドイツ語などを教え、卯辰山の山麓にあった雪門玄松禅師の草庵・洗心庵に参禅のため、足を運んだ。

② 三々塾

　1899(明治32)年、四高教授となった西田幾多郎はドイツ語などを担当して、「デンケン(考える)先生」のニックネームで学生から親しまれた。1900(同33)年、同僚教官らとともに、修養と勉学に励む公認下宿第1号となった三々塾を開設し、学生たちを熱心に指導した。毎年、意欲的な学生10人ほどが生活した。

③ 北条時敬

　北条時敬(1858－1929)は金沢市池田町生まれの明治から大正にかけての日本の教育者。東京帝大を卒業し、石川県専門学校の教師を経て、1898(明治31)年、旧制四高の第5代校長になり、名物校長として慕われた。「禁酒令」を敷き、綱紀粛正にも励み、「質実剛健」の四高精神の確立に大きく寄与した。

① 「禅と日本文化」

　「禅と日本文化」は英語によく通じた大拙が世界を視野に英文で著した記念碑的作品で、国内のみならず欧米など国外でも広く読まれた出版物。新渡戸稲造の「武士道—日本の魂」、岡倉天心の「茶の本」とともに、明治の偉人が著した日本文化を知る、古典的な3大作品と国内外から高い評価を受けている。

問9

金石生まれで、後に大阪商工会議所の会頭を務め、鈴木大拙を支援したことでも知られる実業家は（　　）である。

① 林屋亀次郎　　② 安宅弥吉

③ 中橋徳五郎　　④ 小倉正恒

問10

台湾南部にダムを建設し、「台湾農業の大恩人」と呼ばれている、金沢出身の土木技術者は（　　）である。

① 尾崎行雄　　② 堀田善衞（ほったよしえ）

③ 八田與一（はったよいち）　　④ 森下八左衛門

問11

台湾の（　　）で、逆サイホンの原理を応用した農業用水「白冷圳」（はくれいしゅう）を築いたのは磯田謙雄である。

① 台北　　② 台中

③ 台南　　④ 高雄

問12

加賀藩の蘭学の指導者で、種痘所（しゅとうしょ）を創設し、北陸における近代医学の始祖とされるのは（　　）である。

① 黒川良安（まさやす）　　② 三宅秀（ひいず）

③ 高安右人（みぎと）　　④ 木村栄（ひさし）

② 安宅弥吉

安宅弥吉（1873-1949）は金石町生まれの実業家。商社の安宅産業や学校法人甲南女子学園の創業者、大阪商工会議所会頭。東京にあった、加賀藩が建てた寄宿舎で起居を共にした鈴木大拙に経済支援を約束し、安宅は大成した後、多大な援助を行い、大拙ゆかりの公益財団法人松ケ岡文庫設立の礎を築いた。

③ 八田與一

八田與一（1886-1942）は、現在の金沢市今町生まれの水利技術者。旧制四高から東京帝大工学部を卒業後、台湾総督府内務局土木課技手として就職。様々な仕事を経験したのち、台湾南部の嘉南平野の水利事業に着手。烏山頭（うさんとう）ダムを築き上げて、旱魃（かんばつ）の危機にさらされていた農民たちの生活基盤を整えた。

② 台中

磯田謙雄は1892（明治25）年、旧上松原町生まれで、戦前の台湾で水利事業に尽くした。台中市新社区に逆サイフォンの原理を利用し、渓谷を越え全長約17㌖に及ぶ農業用水「白冷圳（はくれいしゅう）」を造成した。稲作や畑作の安定的生産に寄与し、まさに「命の水路」と称（たた）えられ、磯田は「白冷圳の父」と呼ばれている。

① 黒川良安

黒川良安（1817-1890）は加賀藩越中新川郡（にいかわぐん）出身の、幕末の蘭学医、蘭学者。シーボルトや緒方（おがた）洪庵（こうあん）に医学を学んだ。金沢藩医学館（現・金大医学部の源流諸校の一つ）の基となる金沢種痘所を創るなど、北陸近代医学の祖であり、金大医学部キャンパスにはその事績をたたえるレリーフが設置されている。

「Z項」を発見した天文学者の木村 栄（ひさし）が、天体観測に使っていた望遠鏡は（　　）と呼ばれる。

① 経緯儀　　② 子午儀

③ 六分儀　　④ 天頂儀

世界の天文学に貢献した木村栄は、旧制第四高等中学校時代に数学と物理の教諭（　　）の授業で球面天文学に出会った。

① 中村清二　　② 今川覚神（かくしん）

③ 滝川秀蔵　　④ 田中信吾

170

美食家としても知られる北大路魯山人（ろさんじん）は、金沢の文人・（　　）の食客となったのをきっかけに、食と芸術の才能を開花させたといわれる。

① 北方心泉（きたがたしんせん）　　② 細野燕台（えんだい）

③ 納富介次郎（のうとみ）　　④ 諏訪蘇山（そざん）

問
16

「最後の文人」と呼ばれる細野燕台は、魯山人に「星岡茶寮（ほしがおかさりょう）」の顧問として招かれ、（　　）に転居した。

① 横浜　　② 逗子（ずし）

③ 鎌倉　　④ 川崎

答
13

④ 天頂儀

　木村栄(1870-1943)は金沢市泉野生まれの世界的天文学者。Z項という地球の緯度変化を計測するための公式を発見した。緯度の計測は従来、星の動きを観測し、X項、Y項で構成する公式で計算していたが、木村が発見したZ項を加えることで、地球上どこからでも、正確に計測できるようになった。

答
14

② 今川覚神

　木村栄は第四高等中学校の第1期生で、もともと数学を得意としたが、天文学の教諭・今川覚神の薫陶を受け、球面天文学に目覚めた。これが後のZ項の発見につながる第一歩となる。四高を首席で卒業し、東京帝国大学理科大学星学科を卒業した後、岩手県水沢市の水沢緯度観測所の初代所長となった。

答
15

② 細野燕台

　北大路魯山人(1883-1959)は陶芸や和食研究で名をはせた近代の芸術家。篆刻を志す無名の青年だった魯山人を、「最後の文人」と呼ばれた細野燕台が食客として金沢に招き、食と芸術の才能を開花させたという。魯山人が金沢に滞在したのは8カ月余りだったが、2人の師弟関係はその後も長く続いた。

答
16

③ 鎌倉

　魯山人は金沢に滞在する間、細野燕台から、加賀藩以来の伝統工芸の九谷焼や金沢漆器などの器と出会い、また、懐の深い食文化も堪能した。のちに東京・赤坂に魯山人が開いた会員制料亭「星岡茶寮」に燕台は顧問として迎えられ、鎌倉に移り住んだ。燕台は三越百貨店美術顧問も務め北陸の作家を紹介した。

漢学や書、茶道、書画骨董に通じた近代金沢の文人
細野燕台は、（　　）を書の師として仰いだ。

① 青山杉雨　　　　② 市河米庵

③ 北大路魯山人　　④ 北方心泉

第21代東京府知事に就任した（　　）は、旧制第四
高等中学校（四高）で、西田幾多郎や藤岡作太郎など
と同級だった。

① 稲垣義方　　② 井上友一

③ 木越安綱　　④ 中橋徳五郎

金沢生まれで、旧制四高で鈴木大拙や藤岡作太郎ら
と交遊した（　　）は、京都や静岡などの学校で教壇
に立ち、1936（昭和11）年、旧制武蔵高校で校長を
務めた。

① 山本良吉　　② 西谷啓治

③ 木村素衛　　④ 西田幾多郎

現在の金沢市新竪町に生まれた（　　）は、明治・大
正・昭和期にわたって思想家・ジャーナリストとし
て活躍した。

① 石橋忍月　　② 三宅雪嶺

③ 赤羽万次郎　　④ 木村栄

答17

④ 北方心泉

北方心泉(1850－1905)は金沢市の真宗大谷派常福寺に生まれた僧職、書家。1868(明治元)年、14世住職となり、77(同10)年、東本願寺支那布教事務掛として留学生を率いて、当時の清に渡る。胡鉄梅ら清の文人らと交流し、書の知識と手腕に磨きをかけた。書の門弟に、篆刻家の桑名鉄城が育った。

答18

② 井上友一

井上友一(1871－1919)は馬場(現東山)に生まれた。石川県専門学校、第四高等中学校を経て、東京帝大法科を卒業。内務官僚として地方自治を推進し、貧民救済などに携わった。神社局長を経て1915(大正4)年、地方長官の首席である21代目東京府知事に就任。晩年、明治神宮の造営にも尽力した。

答19

① 山本良吉

山本良吉(1871－1942)は金沢の旧鶴間谷に生まれた倫理学者、教育者。石川県専門学校、第四高等中学校(中退)、東京帝国大学で学んだ。わが国初の私立7年制として誕生した旧制武蔵高等学校の教頭、校長を務め、草創期の基盤づくりに尽力した。旧制三高(現・京都大)や学習院の教授も歴任した。

答20

② 三宅雪嶺

三宅雪嶺(1860－1945)は金沢・新竪町に生まれた哲学者、ジャーナリスト、歴史家。1888(明治31)年、志賀重昂、杉浦重剛らと言論団体「政教社」を結成し、雑誌「日本人」を創刊した。のちに「日本及日本人」や「女性日本人」などの雑誌を発行し、専ら国粋主義を主張した。文化勲章を受章した。

問21

（　　）検知器の発明などで知られ、理化学研究所の創設期からの主要研究者であった、金沢出身の化学者は飯盛里安である。

① 放射能　　② 紫外線

③ 鉱毒　　④ 炭素

問22

北陸における西洋数学指導のパイオニアと言われ、尾山神社の境内に教え子らによる記念標が建てられている金沢出身の数学者は（　　）である。

① 高島屋伝右衛門　　② 野村円平

③ 松井乗運　　④ 関口 開

問23

金沢出身の（　　）は、日本における遺伝学研究に尽力し、文化勲章を受章した。

① 関口開　　② 飯本信之

③ 藤井健次郎　　④ 小野太三郎

問24

加賀藩12代藩主前田斉広の時代に、藩士が日ごろから心得るべきことを説き、「加賀論語」とも呼ばれた「下学老談」を著したのは（　　）である。

① 新井白蛾　　② 寺島蔵人

③ 富田景周　　④ 有沢武貞

21

① 放射能

飯盛里安(1885－1982)は金沢・小立野に生まれた分析化学者、理学博士、「放射能化学の父」。旧制四高から東京帝国大学大学院を修了。理化学研究所の創設期から主任研究員として活躍し、放射線鉱物や希有元素鉱物の探査、放射能測定器の考案などにあたった。アイソトープを「同位元素」と邦訳した。

答
22

④ 関口開

関口開(1842－1884)は金沢生まれの幕末から明治にかけての数学者。和算を滝川秀蔵に、西洋数学を戸倉伊八郎に学び、1869(明治2)年、藩の洋学教師となり、県師範学校(現・金沢大学)などで教えた。チェンバーの数学書を翻訳、改訂し、1873(明治6)年出版した「新撰数学」は10余年で22万部が売れた。

答
23

③ 藤井健次郎

藤井健次郎(1866－1952)は金沢市出羽町に生まれ、東京帝国大学理科大学を卒業し、遺伝物質を「遺伝子」と命名するなどした細胞遺伝学の祖。1926(昭和元)年、「染色体二重螺旋構造」を発表した。ドイツ遺伝学の研究を取り入れた細胞遺伝学講座を国内で初めて開講した。1950(昭和25)年文化勲章を受章。

答
24

③ 富田景周

富田景周(1746－1828)は藩政期中期から後期の加賀藩士、郷土史家。乾荘岳に学ぶ。小松城番、算用場奉行を務める傍ら、藩史の研究に注力し、著作は60余種350巻にのぼる。著書の「越登賀三州志」は越中、能登、加賀の地理、歴史を記述しており、1798(寛政10)年に成り、藩主に献上された。

問25

明治期に、「金沢古蹟志」「加賀志徴」など、数多くの地理、歴史書を編さんしたのは（　）である。

① 森田柿園　　② 日置謙

③ 清水澄　　　④ 石川舜台

問26

石川護国神社境内に顕彰碑がある（　）は、行政裁判所長官、帝国美術院院長、最後の枢密院議長などを歴任した憲法学者である。

① 乃木希典　　② 清水澄

③ 尾佐竹猛　　④ 野村淳治

問27

加賀藩士の家に生まれた（　）は明治の初め、フランスに留学し、マッチの国産化に成功した。

① 水登勇太郎　　② 関沢明清

③ 三浦彦太郎　　④ 清水誠

問28

加賀八家の横山家の一族で、現在の小松市にあった尾小屋鉱山などを経営し、北陸の鉱山王と呼ばれたのは（　）である。

① 横山長隆　　② 横山長知

③ 横山隆興　　④ 横山隆章

答
25

① 森田柿園

森田柿園は1823(文政6)年、金沢の武士の家に生まれた郷土史家。本名は平次。60石の加賀藩陪臣という身分から、独学で14代前田慶寧の御前講を務めるまでのぼり詰めた。幕末から明治中期にかけて活躍し、「金沢古蹟志」「加賀志徴」「能登志徴」「越中志徴」など、多数の郷土史に関する名著を残した。

答
26

② 清水澄

清水澄(1868-1947)は金沢・東山に生まれた憲法・行政法学者。東京帝国大学法科大学を卒業。著名な憲法学者として、枢密院議長を務めた。大正・昭和天皇の御進講役を務め、「帝王の師」といわれた。日本国憲法が施行された年の秋、日本の国体を憂い自殺し、「明治憲法に殉じた学者」として名を残した。

177

答
27

④ 清水誠

清水誠(1846-1899)は加賀藩士の6男として金沢・御徒町(現・東山1丁目)に生まれた実業家。明治の初め、フランスに留学し、帰国後の1876(明治9)年、東京にマッチの製造工場「新燧社」を設立した。試行錯誤の末、マッチの国産化に成功し、日本の主力輸出産業に育てた。卯辰山に顕彰碑がある。

答
28

③ 横山隆興

横山隆興(1848-1916)は金沢生まれの、加賀八家の一つ、横山家の11代当主横山隆章の3男。小松の尾小屋鉱山の経営に乗り出して財産を築き、明治末から大正初期には、「北陸の鉱山王」とも称された。広坂1丁目の県有施設「城南荘」は、隆興とともに尾小屋鉱山を経営したおいの13代隆平が建設した。

問
29

日本で初めて絹用の動力織機を発明した津田米次郎
の父・吉之助は加賀藩の大工であり、（　　）の匠工
長として知られる。

① 金澤神社拝殿　　② 尾山神社神門

③ 石浦神社本殿　　④ 尾﨑神社本殿

問
30

日本芸術院会員だった画家高光一也の父である高光
大船は、暁烏敏、藤原鉄乗とともに、「（　　）」と
呼ばれた宗教家だった。

① 加賀の三賢人　　② 加賀の三羽烏

③ 加賀の三菩薩　　④ 加賀の三高僧

問
31

金沢の下級武士の家に生まれた（　　）は、1912（大
正元）年、石川県人初の大臣として第3次桂太郎内
閣で陸相を務め、翌年の山本権兵衛内閣でも陸相に
留任した。

① 井上友一　　② 岩村高俊

③ 木越安綱　　④ 三間正弘

問
32

1937（昭和12）年、石川県人として初めて首相に就
任したのは、金沢出身の（　　）である。

① 林銑十郎　　② 伍堂卓雄

③ 木越安綱　　④ 阿部信行

答29

② 尾山神社神門

　津田吉之助(1827-1890)は幕末から明治にかけての大工棟梁。藩祖を祀る尾山神社の神門の設計・造営を任され、1875(明治8)年、和漢洋混交3層の神門を築いた。1874(明治7)年に、富岡製糸場の機械をまねた製糸機を製造した。日本初の絹力織機を発明、専売特許を得た発明家・津田米次郎の父。

答30

② 加賀の三羽烏

　高光大船(1879-1951)は金沢市北間町の真宗大谷派専称寺の住職。清沢満之に師事した。藤原鉄乗(1879-1975)は川北町壱ツ屋の同派浄秀寺住職、暁烏敏(1877-1954)は白山市北安田町の同派明達寺住職で、3人は真宗の「加賀の三羽烏」と呼ばれ、1916(大正5)年、金沢に愚禿社を設立した。

答31

③ 木越安綱

　木越安綱(1854-1932)は金沢・三社町生まれで加賀藩奉行職の木越安敷の養子となり、維新後、陸軍教導団を経て陸軍士官学校卒業。日清・日露戦争に参戦し、陸軍中将に。1912(大正元)年、石川県人初の大臣として第3次桂太郎内閣の陸軍大臣となり、翌年の山本権兵衛内閣でも陸軍大臣に留任した。

答32

① 林銑十郎

　林銑十郎(1876-1943)は金沢市小立野生まれで陸軍士官学校、陸軍大学を卒業。日露戦争などに参戦し陸軍大学校長、朝鮮軍司令官、陸軍大将などを歴任。斎藤内閣、岡田内閣で陸軍大臣を務めた後、1937(昭和12)年、石川県人初の内閣総理大臣に就任、外務大臣、文部大臣を兼任したが在任は4カ月。

金沢検定
第15回
問題と解答

【1】金沢の最近の話題や出来事、まちづくりに関する問題です。以下の文章を読んで、かっこ内に入る適切な語句を選びなさい。

（1）今年7月、金沢市寺町5丁目で開館した「谷口吉郎・吉生記念金沢建築館」には、吉郎氏の代表作である迎賓館（　　）の和風別館「游心亭」の広間や茶室が再現されている。

① 桂離宮   ② 浜離宮

③ 赤坂離宮   ④ 修学院離宮

（2）2020（令和2）年の東京オリンピック・パラリンピック開催前の開館を目指す東京国立近代美術館工芸館（国立工芸館）は、（　　）内に移転する。

① いしかわ四高記念公園   ② 本多の森公園

③ 兼六園   ④ 金沢城公園

（3）石川県が進める鼠多門の復元工事に伴い、かつての堀の跡に架けられる鼠多門橋は、（　　）神社の境内にある旧「金谷出丸」と金沢城公園の玉泉院丸庭園を結び、新たな歴史的回遊ルートとなる。

① 尾崎   ② 金澤

③ 石浦   ④ 尾山

（4） 昨秋から相次いで旧町名の復活を進めている金石地区では、来年秋にも新たに「金石下寺町」、「金石上浜町」、「金石浜町」、「金石松前町」、「（　　）」の5町名がよみがえる見通しとなった。

① 金石御船町

② 金石通町

③ 金石下本町

④ 金石味噌屋町

（5） 今年10月、旧町名復活第1号で、町名復活20周年と国の重伝建地区（重要伝統的建造物群保存地区）選定10周年を祝う記念イベントを開催したのは（　　）町である。

① 木倉

② 飛梅

③ 下石引

④ 主計

（6） 来年の「宗祖親鸞聖人七百五十回御遠忌法要」に向けた改修工事が進む安江町の真宗大谷派金沢別院（東別院）の本堂屋根は、今春までに約3万6千枚の（　　）を使ってふき替えられた。

① 銅板

② 陶器瓦

③ いぶし瓦

④ こけら

（7） 石川県と金沢市が来春、まちなかの（　　）に開設する観光案内所は、ホテルの1階スペースを借り受ける計画である。

① 武蔵町

② 南町

③ 広坂

④ 片町

（8） 香林坊2丁目にある日本銀行金沢支店は建物の老朽化に伴い、2023（令和5）年秋の完成をめどに（　　）エリアへの移転を決めた。

① 金沢駅東

② 金沢駅西

③ 県庁近隣

④ 金沢港

183

(9) 2009（平成21）年6月、金沢市はユネスコ（国連教育
科学文化機関）から創造都市ネットワークに登録された。
国内では名古屋市、神戸市に次いで3番目だが、（　　）
分野での登録は世界初である。
① 文学　　　　　　　　　② デザイン
③ クラフト　　　　　　　④ 食文化

(10) 金沢の姉妹都市7つに含まれていないのは、以下のうち
（　　）である。
① イルクーツク（ロシア）
② ゲント（ベルギー）
③ ポルト・アレグレ（ブラジル）
④ ボローニャ（イタリア）

【2】金沢の歴史に関する問題です。以下の文章を読んで、かっ
こ内に入る適切な語句を選びなさい。

(11) 北陸の縄文文化を代表する遺構で、巨大な木柱根が見つ
かったことで知られる金沢市新保本の国史跡は（　　）
である。
① 一乗谷遺跡　　　　　　② チカモリ遺跡
③ 桜町遺跡　　　　　　　④ 真脇遺跡

(12) 市指定史跡である、おまる塚とびわ塚の両古墳があるの
は（　　）地区で、いずれも地域有力者の墳墓とされる。
① 長坂　　　　　　　　　② 森本
③ 二塚　　　　　　　　　④ 打木

(13) 1488（長享2）年、加賀国守護・富樫政親は、一向一
揆勢に攻められて（　　）で自刃した。
① 高尾城　　　　　　　　② 七尾城
③ 小丸山城　　　　　　　④ 末森城

(14) 高岡市の（　　）は、加賀藩前田家3代利常が2代利長
の菩提寺として整備した曹洞宗寺院で、山門・法堂など
は国宝に指定されている。

① 勝興寺 　　　　　　　　② 大乗寺
③ 總持寺 　　　　　　　　④ 瑞龍寺

(15) 小立野にある（　　）は、徳川家から加賀藩前田家3代
利常の正室に迎えられた珠姫の菩提寺である。

① 宝円寺 　　　　　　　　② 如来寺
③ 天徳院 　　　　　　　　④ 玉泉院

(16) 兼六園は日本三名園の一つと言われ、国の（　　）に指
定されている。

① 特別名勝
② 重要無形文化財
③ 重要有形民俗文化財
④ 特別史跡

185

(17) 兼六園近くの石引という地名は、金沢城築城の際、石垣
用の石材を（　　）から運んだことに由来する。

① 戸室山 　　　　　　　　② 医王山
③ 白山 　　　　　　　　　④ 立山

(18) 11代将軍徳川家斉の娘・溶姫を13代前田斉泰の正室と
して迎えるにあたり、加賀藩が江戸本郷の藩邸に建てた
のは通称（　　）である。

① 加賀門 　　　　　　　　② 本郷門
③ 黒門 　　　　　　　　　④ 赤門

(19) 加賀藩の客将として前田家に身を寄せ、金沢城の修築
に功績のあったキリシタン大名は、（　　　）である。
① 高山右近　　　　　　　② 大友宗麟
③ 小西行長　　　　　　　④ 加藤清正

(20) 明治初期に建立された（　　　）は、加賀藩祖の前田利家
を主祭神としている。
① 石浦神社　　　　　　　② 尾﨑神社
③ 金澤神社　　　　　　　④ 尾山神社

(21) 前田利家の四女・豪姫の夫、宇喜多秀家は関ケ原の戦い
で敗れ、後に（　　　）に島流しとなったが、前田家から
の援助は明治まで続いた。
① 能登島　　　　　　　　② 屋久島
③ 八丈島　　　　　　　　④ 淡路島

(22) 前田利家は、1581（天正９）年に能登一国の大名となっ
たとき、（　　　）から能登七尾に拠点を移し七尾城主とな
り、後に金沢に移転した。
① 越中魚津　　　　　　　② 越前府中
③ 土佐高知　　　　　　　④ 筑前博多

(23) 加賀前田家11代治脩が創建した加賀藩の文学校は（　　　）
という。
① 壮猶館　　　　　　　　② 文学館
③ 十全堂　　　　　　　　④ 明倫堂

(24) 石川県伝統産業工芸館に展示されている「兼六園」の扁
額は、かつて兼六園の命名者と伝えられていた（　　　）
の揮毫によるものである。
① 前田綱紀　　　　　　　② 小堀遠州
③ 長谷川等伯　　　　　　④ 松平定信

(25) 北陸の材木王と呼ばれた平沢嘉太郎は1925(大正14)年、
宝塚遊園地をモデルに一大娯楽施設（　　）を創設した。
① 菊水倶楽部　　　　　　　　② 白雲楼ホテル
③ 卯辰山動物園　　　　　　　④ 粟ケ崎遊園

(26) 1947（昭和22）年、第2回国民体育大会秋季大会が金
沢市などで開催された。そのときに採用された大会歌は
（　　）である。
① いしかわ讃歌　　　　　　　② 若い力
③ 国体讃歌　　　　　　　　　④ みなぎる力

(27) 金沢市大和町の市民芸術村は、若い人たちの芸術活動な
どに活用されており、（　　）の跡地である。
① 国鉄車庫　　　　　　　　　② 紡績会社
③ 競馬場　　　　　　　　　　④ 小学校

187

(28) 現在、金沢美術工芸大学が建てられている敷地には、明
治後期以降、（　　）があった。
① 金沢刑務所　　　　　　　　② 県営野球場
③ 兵器庫　　　　　　　　　　④ 山林

(29) 金沢野田山の旧陸軍墓地（石川県戦没者墓苑）には、
1904(明治37)年〜1905(同38)年の戦争で捕虜となっ
た（　　）兵の墓碑も建てられている。
① フランス　　　　　　　　　② アメリカ
③ ドイツ　　　　　　　　　　④ ロシア

(30) 昭和30年代まで香林坊映画館街の中心にあった（　　）
は、「繁華街のお宮さん」として親しまれた。
① 尾山神社　　　　　　　　　② 金沢大神宮
③ 金澤神社　　　　　　　　　④ 石浦神社

【3】金沢の史跡、庭園、地理、寺社、建造物に関する問題です。以下の文章を読んで、かっこ内に入る適切な語句を選びなさい。

(31) 金沢城公園にある門のうち、国重要文化財となっているのは（　　）である。
　① 河北門　　　　　　　　② 大手門
　③ 橋爪門　　　　　　　　④ 石川門

(32) 兼六園のシンボルであり、霞ケ池のほとりにあるのは（　　）灯籠である。
　① 御影　　　　　　　　　② 月見
　③ 雪見　　　　　　　　　④ 徽軫

(33) 金沢の（　　）の一隅に、金沢という地名の由来となったと伝えられる金城霊沢がある。
　① ひがし茶屋街　　　　　② 兼六園
　③ 金沢城　　　　　　　　④ 近江町市場

(34) 加賀藩では、合掌造り集落で知られる（　　）から運ばれた塩硝と、立山の硫黄に木炭を配合して火薬が作られた。
　① 奥能登　　　　　　　　② 白山麓
　③ 佐渡　　　　　　　　　④ 五箇山

(35) 金沢城は、小立野台地の先端につくられた平山城である。この場所には、もともと（　　）があったが、1580（天正8）年、柴田勝家によって攻め落とされた。
　① 護国神社　　　　　　　② 尾山神社
　③ 金沢御堂　　　　　　　④ 兼六園

(36) 卯辰山山麓寺院群の真成寺で、毎年4月29日に行われているのは（　　）を供養する仏事である。

①　人形
②　針
③　筆
④　箸

(37) 卯辰山中腹にある豊国神社の主祭神は、（　　）である。

①　宇喜多秀家
②　豊臣秀吉
③　徳川家康
④　明智光秀

(38) 大野湊神社で毎年5月15日に催される神事能は、1604（慶長9）年、（　　）が戦の勝利を祝って能楽を奉納したのに始まり、現在まで続いているとされている。

①　前田綱紀
②　前田利長
③　佐久間盛政
④　柴田勝家

(39) 尾山神社の神門には、現存するものの中で県内最古とされる（　　）がある。

①　エレベーター
②　オルゴール
③　天体望遠鏡
④　避雷針

(40) 寺町台にある真言宗・伏見寺は、金沢の地名発祥の砂金にちなんだ物語で知られる（　　）ゆかりの本尊を安置する。

①　芋掘藤五郎
②　富樫政親
③　蓮如
④　親鸞

(41) 下新町の久保市乙剣宮から浅野川沿いの茶屋街・主計町に下りる泉鏡花ゆかりの坂道は、（　　）と呼ばれている。

①　蛤坂
②　嫁坂
③　くらがり坂
④　木曽坂

(42) 金沢城の正門で、参勤交代の出入り口に使われたのは（　　）である。
① 石川門
② 尾坂門
③ 黒門
④ 橋爪門

(43) 金沢城は、白く見える屋根が特徴的だが、これは（　　）を使用しているためである。
① 陶器瓦
② 石瓦
③ いぶし瓦
④ 鉛瓦

(44) 徳川家康を主祭神として金沢城北ノ丸に建てられ、明治になって現在地へ移築されたのは（　　）である。
① 尾山神社
② 尾﨑神社
③ 宇多須神社
④ 白山比咩神社

(45) 市内中心部の散歩道として市民に親しまれている白鳥路は、藩政期は（　　）であった。
① 街道
② 馬場
③ 試射場
④ 堀

(46) 本堂に隠し階段や落とし穴などの仕掛けがあり、迷路のように入り組んだ建物の構造から、「忍者寺」の異名を持つ日蓮宗寺院の正式な名称は（　　）である。
① 天徳院
② 大乗寺
③ 如来寺
④ 妙立寺

(47) 長町にある金沢市老舗記念館は、南町にあった（　　）を商う「中屋」の建物を移築改修したものである。
① 薬
② 菓子
③ 酒
④ 材木

(48) 国重要文化財（　　）は 1863（文久３）年、加賀藩 13 代藩主前田斉泰が母の真龍院の隠居所として兼六園内に設け、今日に至る。

① 尾﨑神社　　　　　　② 成巽閣（せいそんかく）

③ 志摩　　　　　　　　④ 三十間長屋

(49) 金沢市広坂２丁目の「しいのき迎賓館」の並びにある赤れんがの建物は、旧（　　）の本館である。

① 第四高等学校（だいし）

② 金沢煙草製造所（たばこ）

③ 金沢陸軍兵器支廠（ししょう）

④ 石川県美術工芸専門学校

(50) 飛梅町に 1899（明治 32）年に建てられた旧石川県（　　）本館は、屋根に三つの塔があるところから「三尖塔校舎（せんとう）」の愛称で呼ばれ、現在は「金沢くらしの博物館」になっている。

① 第一中学校　　　　　② 第二中学校

③ 第三中学校　　　　　④ 第四中学校

【4】金沢の食文化、習わし、金沢ことばに関する問題です。以下の文章を読んで、かっこ内に入る適切な語句を選びなさい。

(51) 出世魚として知られるブリは、成長度合いによって呼び名が変わるが、金沢ではコゾクラから始まり、（　　）、ガンド、ブリと成長する。

① シイラ　　　　　　　② フクラギ

③ カンパチ　　　　　　④ セイゴ

(52) 金沢のひな祭りには、タイやハマグリ、タケノコなど海、山の幸をかたどった（　　）がひな壇に飾られる。

① 金平糖 (こんぺいとう)
② ひし餅
③ 金花糖 (きんかとう)
④ 節句糖 (せっくとう)

(53) 加賀料理の（　　）は、背開きにしたタイに、ニンジン、ゴボウ、キクラゲ、ギンナンなどの具を加えた「おから」を詰め、蒸し上げたものである。

① タイの唐蒸し (から)
② タイの加賀蒸し
③ タイの金沢蒸し
④ タイの詰め蒸し

(54) 金沢の秋の味として親しまれ、肉質がやわらかく、煮くずれしない加賀野菜の（　　）は、ジアスターゼをはじめとする消化酵素やビタミンＣ、食物繊維などが豊富である。

① 加賀れんこん
② 青首だいこん
③ 金沢そだちだいこん
④ 源助だいこん

(55) 料理の味付けに欠かせない、金沢のしょう油の名産地といえば（　　）である。

① 龍野
② 野田
③ 北間
④ 大野

(56) 加賀野菜の金時草は葉の表が緑、裏が（　　）色で、金時芋に似た色であることから「金時草」と表記され、「きんじそう」と呼ばれるようになったようである。

① 黄
② 青
③ 紫
④ 白

(57) かぶらずしは、塩漬けにしたカブで（　　）をはさみ、糀で漬け込んで作る。

① イワシ　　　　　　　　② ブリ

③ マグロ　　　　　　　　④ アジ

(58) 2019（令和元）年に旧町名が復活した観音町の真言宗観音院では、毎年旧暦の7月9日、10日に祭礼行事「四万六千日」が行われており、境内で無病息災を願う（　　）が買い求められている。

① モチ　　　　　　　　　② トウキビ

③ ダルマ　　　　　　　　④ ホオズキ

(59) 室内で二手に分かれて、交互に2個のさいころを同時に振り、旗を取りあう金沢だけに伝わる正月遊びを（　　）という。

① 旗双六　　　　　　　　② 金沢かるた

③ 旗源平　　　　　　　　④ 加賀福笑い

(60) 松竹梅を配した赤い産着を着た愛らしい金沢の郷土玩具で、1955（昭和30）年、年賀切手に採用されたことで全国に知られたのは（　　）である。

① 加賀八幡起き上がり　　② 加賀魔除虎

③ 米喰いねずみ　　　　　④ 猿の三番叟

(61) 金沢市野町の神明宮では、春と秋の祭礼名物として300年以上続く（　　）神事が行われ、氏子らがそれを食べたり、天井にさしたりして無病息災を願い、厄よけとする。

① あぶりだんご　　　　　② あぶりみかん

③ あぶりもち　　　　　　④ 繭玉

(62) 金沢で刺身に魚卵をまぶす「子付け」に使われる魚は（　　）である。

① タラ　　　　　　　　　② ブリ

③ ヒラメ　　　　　　　　④ サバ

(63) 冬の始まりの寒波とともに雷鳴とどろく頃、寒鰤漁が盛んになることから、この雷を（　　）と言う。

① 網おこし　　　　　　　② 鰤寒波

③ 鰤おこし　　　　　　　④ 起舟寒波

(64) 金沢のお盆（盂蘭盆会）で、お墓に供える行灯状のものを（　　）という。

① ろうそく立て　　　　　② 供え提灯

③ 参詣行灯　　　　　　　④ キリコ

(65) 金沢では、冬に雪道で足が雪にはまることを（　　）と言う。

① がぶる　　　　　　　　② うつる

③ ずぼる　　　　　　　　④ ごぼる

(66) 味を表現する金沢ことばで、「すっぱい」意味を表すのは（　　）である。

① しょむない　　　　　　② すい

③ したるい　　　　　　　④ すっかい

(67) 金沢ことばで「ゆったりとくつろぐ様子」を表したのは、「（　　）」である。

① ひまくらしい　　　　　② うたてな

③ りくつな　　　　　　　④ いんぎらーっと

(68) 金沢ことばで部屋などが散らかった様子をいう擬態語は（　　）である。
① ちゃべちゃべ
② むたむた
③ ずくずく
④ こぼこぼ

(69) 金沢ことばで「給料があたる」と言うときの「あたる」とは、給料が（　　）ことである。
① もらえる
② 増える
③ 遅れる
④ 減る

(70) 金沢ことばの「かたがる」とは、（　　）という意味である。
① かつぐ
② かたむく
③ 肩がこる
④ かたづく

【5】金沢の美術工芸、芸能に関する問題です。以下の文章を読んで、かっこ内に入る適切な語句を選びなさい。

(71) 1945（昭和20）年10月に金沢で開催された（　　）は、金沢が戦災に遭わなかったとはいえ、終戦後の全国で最も早い時期の美術展であった。
① 現代美術展
② 全国美術展覧会
③ 日本美術工芸展
④ 文部省美術展覧会

(72) 江戸後期、再興九谷の最初の窯として金沢で築かれたのは（　　）である。
① 大樋窯（おおひがま）
② 春日山窯（かすがやまがま）
③ 熊走窯（くまばしりがま）
④ 鶯谷窯（うぐいすだにがま）

(73) 大樋焼は金沢で江戸初期から続く焼き物で、（　　）色のねっとりとして柔らかく温かみのある風合いに特徴がある。
① 青
② 飴（あめ）
③ 緑
④ 黄

(74) 美食家としても知られる（　　）は、金沢の文人・細野燕台（えんだい(たい)）の食客となったのをきっかけに、食と芸術の才能を開花させたといわれる。

① 棟方志功（むなかた しこう）　　　② 北大路魯山人（ろ さんじん）

③ 横山大観（たいかん）　　　　　　④ 梅原龍三郎

(75) 金箔（きんぱく）の打ち紙として役目を終えた紙は、（　　）として用いられている。

① 薬の包み紙　　　　　　　　　② 和ろうそくの芯（しん）

③ あぶらとり紙　　　　　　　　④ 張子の素材（はりこ）

(76) 江戸時代前期、加賀藩で工芸品などを製作していた御細工所（おさい くしょ）は、（　　）にあった。

① 卯辰山　　　　　　　　　　　② 金沢城

③ 野田山　　　　　　　　　　　④ 金石

(77) 藩政期、現在の金沢市（　　）町は、加賀藩御用の紙の指定産地であった。

① 大樋　　　　　　　　　　　　② 御所

③ 別所　　　　　　　　　　　　④ 二俣

(78) 加賀友禅に使用される藍（あい）、臙脂（えんじ）、（　　）、草（くさ）、古代紫（こ だいむらさき）の色は、総称して加賀五彩と呼ばれる。

① 桃（もも）　　　　　　　　　② 黄土（おうど）

③ 朱鷺（とき）　　　　　　　　④ 漆黒（しっこく）

(79) 石川県立美術館が所蔵する国宝の香炉は、（　　）がモチーフである。

① キジ　　　　　　　　　　　　② ハクチョウ

③ ウズラ　　　　　　　　　　　④ カラス

(80) 加賀藩が心身の鍛錬のため藩士に奨励したアユ釣りに用いる加賀毛針は、針に（　　）を巻きつけて作る伝統工芸品である。

① 馬の毛
② 鳥の羽毛
③ ウサギの毛
④ キツネの毛

(81) 加賀万歳の才蔵が「番物」を演ずるときにかぶる帽子を（　　）という。

① 赤頭巾
② 角帽子
③ かます帽子
④ 烏帽子（えぼし）

(82) 初代音楽監督に岩城宏之を迎え、日本初のプロの室内交響楽団として設立されたのは（　　）である。

① 金沢クラシック・シンフォニー
② オーケストラ・アンサンブル金沢
③ オール・オーケストラ金沢
④ 金沢もりのみやこ交響楽団

(83) 加賀宝生が盛んな土地柄から、金沢では「空から（　　）が降ってくる」といわれ、歌謡曲「加賀の女（ひと）」の歌詞にも盛り込まれた。

① 小唄
② 謡（うたい）
③ 囃子（はやし）
④ 祝詞（のりと）

(84) 金沢のひがし、にし、主計町の3茶屋街の芸妓衆が繰り広げる「金沢おどり」に、2008（平成20）年から総踊りの新曲（　　）が登場した。直木賞作家の村松友視（ともみ）が作詞した。

① 金沢小唄
② 百万石音頭
③ いいね金沢
④ 金沢風雅（ふうが）

(85)「金沢望郷歌」で城下町の風情を歌ったのは、(　　)である。
①　五木ひろし　　　　　　　②　北島三郎
③　松原健之　　　　　　　　④　氷川きよし

【6】金沢ゆかりの文学に関する問題です。以下の文章を読んで、
かっこ内に入る適切な語句を選びなさい。

(86)金沢出身の作家・唯川恵(ゆいかわけい)が直木賞を受賞した作品は、「(　　)」
である。
①　肩ごしの恋人　　　　　　②　病む月
③　シフォンの風　　　　　　④　シングル・ブルー

(87)旧制第四高等学校の柔道部で稽古に励む主人公を描いた
小説「北の海」の作者で、同校を卒業したのは(　　)
である。
①　井上靖　　　　　　　　　②　中原中也(ちゅうや)
③　古井由吉(よしきち)　　　　　　④　深田久弥(ふかたきゅうや)

(88)白鳥路にある金沢の三文豪の像のうち、泉鏡花が手にし
ているのは(　　)である。
①　本　　　　　　　　　　　②　帽子
③　ウサギ　　　　　　　　　④　ネコ

(89)日本最初の文学碑と言われる徳田秋声の文学碑は(　　)
にある。
①　キゴ山　　　　　　　　　②　野田山
③　天神橋　　　　　　　　　④　卯辰山

(90) 室生犀星の「幼年時代」は、(　　) 尋常小学校での学校生活を描いている。

① 此花町 ② 野町
③ 三馬(みんま) ④ 花園

(91) 祖父が経営する金沢の遊郭で、針仕事で生計を立てる母とともに育った島田清次郎は、大正時代のベストセラー「(　　)」の作者として知られる。

① 杏(あんず)っ子 ② 地上
③ 雪国 ④ 路傍の石

(92) 幼年期を金沢で過ごした詩人・中原中也が野町の神明宮で見た記憶をもとに書かれたのではないかといわれている作品は、「(　　)」である。

① サーカス
② 汚れつちまつた悲しみに
③ 月に吠える
④ 小景異情

【7】金沢ゆかりの人物に関する問題です。以下の文章を読んで、かっこ内に入る適切な語句を選びなさい。

(93) 金沢出身の土木技術者である八田與(よ)一(いち)が台湾につくったのは、(　　) ダムである。

① 烏山頭(うさんとう) ② 日月(にちげつ)
③ 高雄 ④ 台南

(94) 消化薬「タカジアスターゼ」の開発や、止血効果があるホルモン剤「アドレナリン」の結晶抽出に成功し、世界的に知られた化学者は (　　) である。

① 高光大船(だいせん) ② 高峰譲吉
③ 桜井錠二 ④ 北里柴三郎

(95) 2011（平成23）年にオープンした、世界に禅の思想を広めた仏教哲学者（　　）の記念館では、「自ら考える」ための工夫がなされている。

① 安宅弥吉

② 桐生悠々

③ 藤岡作太郎

④ 鈴木大拙

(96) 京都市左京区の観光名所「哲学の道」は、「加賀の3たろう」のひとりで、「善の研究」を著した（　　）が、思索しながら散歩した道である。

① 高橋順太郎

② 西田幾多郎

③ 鈴木貞太郎（大拙）

④ 藤岡作太郎

(97) 1934（昭和9）年、「日本野鳥の会」を設立した（　　）は、白山の鳥類を調査し、白山の国立公園昇格に一役買った。

① 暁烏 敏

② 中西悟堂

③ 中谷宇吉郎

④ 花山信 勝

(98) 緯度変化の公式に「Z項」の存在を発見し、世界の天文学に貢献した理学博士で、第1回文化勲章を受章したのは（　　）である。

① 木村 栄

② 清水誠

③ 津田米次郎

④ 小松砂丘

(99) 1871（明治4）年、廃藩置県によって生まれた「金沢県」の大参事として着任し、翌年2月に県庁を金沢から石川郡美川町に移した初代石川県令（知事）は（　　）である。

① 岩村高俊

② 伊藤博文

③ 内田政風

④ 井上 馨

(100) 1991（平成３）年に制作された、金沢駅金沢港口にある
巨大なステンレス製モニュメントの作者は（　　）である。
① 高村豊周　　　　　　　② 関源司
　　とよちか
③ 板坂辰治　　　　　　　④ 蓮田修吾郎

（1）	③	赤坂離宮	（26）	②	若い力
（2）	②	本多の森公園	（27）	②	紡績会社
（3）	④	尾山	（28）	①	金沢刑務所
（4）	①	金石御船町	（29）	④	ロシア
（5）	④	主計	（30）	②	金沢大神宮
（6）	①	銅板	（31）	④	石川門
（7）	②	南町	（32）	④	徽軫
（8）	②	金沢駅西	（33）	②	兼六園
（9）	③	クラフト	（34）	④	五箇山
（10）	④	ボローニャ（イタリア）	（35）	③	金沢御堂
（11）	②	チカモリ遺跡	（36）	①	人形
（12）	③	二塚	（37）	②	豊臣秀吉
（13）	①	高尾城	（38）	②	前田利長
（14）	④	瑞龍寺	（39）	④	避雷針
（15）	③	天徳院	（40）	①	芋掘藤五郎
（16）	①	特別名勝	（41）	③	くらがり坂
（17）	①	戸室山	（42）	②	尾坂門
（18）	④	赤門	（43）	④	鉛瓦
（19）	①	高山右近	（44）	②	尾崎神社
（20）	④	尾山神社	（45）	④	堀
（21）	③	八丈島	（46）	④	妙立寺
（22）	②	越前府中	（47）	①	薬
（23）	④	明倫堂	（48）	②	成巽閣
（24）	④	松平定信	（49）	①	第四高等学校
（25）	④	粟ケ崎遊園	（50）	②	第二中学校

【1】金沢の最近の話題や出来事、まちづくりに関する問題です。
以下の文章を読んで、かっこ内に入る適切な語句を選び
なさい。

（1）国内で初開催となった国際教育科学文化機関（ユネスコ）
創造都市ネットワークの「クラフト＆フォークアート分
野別会議」が今年10月、金沢市で開かれ、会議と併せて
金沢美術工芸大学収集の「（　　）」特別展が開催された。
① 平成の工芸石川　　　　　② 令和の工芸遺産
③ 令和の庶物類纂　　　　　④ 平成の百工比照

（2）石川県が金沢城公園で復元工事を進めている 鼠^{ねずみ}多門^{たもん}の立
柱式では、門の骨格のうち最も太い（　　）が据え付け
られた。
① 大極柱　　　　　　　　　② 棟持柱
③ 鏡柱　　　　　　　　　　④ 御柱

（3）来年、開港50周年を迎える金沢港で石川県が整備中
のクルーズターミナルは、同港内の（　　）埠頭^{ふとう}に設
けられる。
① 無量寺^{むりょうじ}　　　　　　② 戸水
③ 御供田^{ごくでん}　　　　　　④ 大浜

（4）加賀藩に身を寄せ、信仰を捨てずに殉教したキリシタン
大名の茶人であり、今年10月にカトリック金沢教会でその足跡をしのぶ特別茶会が開かれた高山右近は、2017（平成29）年にカトリック教会から（　　）に認定された。
① 聖人　　　　　　　　　② 聖者
③ 福者　　　　　　　　　④ 福音者

（5）金沢市は今年8月、かつて加賀藩前田家の上屋敷や中屋敷が置かれていた東京の（　　）区と友好交流都市協定を締結した。
① 板橋　　　　　　　　　② 文京
③ 目黒　　　　　　　　　④ 千代田

（6）金沢市出身で幕内最小・最軽量ながら「令和入幕」を果たし、大相撲をわかせている炎鵬が所属するのは、（　　）部屋である。
① 春日野　　　　　　　　② 髙田川
③ 宮城野　　　　　　　　④ 追手風

（7）今秋から放送を開始したNHKの連続テレビ小説「スカーレット」は、金沢市出身の（　　）さんが脚本を手掛けている。
① 篠崎絵里子　　　　　　② 唯川恵
③ 水橋文美江　　　　　　④ 北川悦吏子

（8）金沢市民の足として、昔ながらの町筋を走る「ふらっとバス」は（　　）、菊川、材木、長町の4ルートを運行している。
① 芳斉　　　　　　　　　② 此花
③ 味噌蔵　　　　　　　　④ 近江町

(9) 2017（平成 29）年 3 月、全国の自治体で初めて制定された金沢市の川筋景観保全条例によって、夜間ライトアップしている浅野川の四美橋に含まれないのは、（　　）である。

① 梅ノ橋   ② 小橋

③ 中の橋   ④ 天神橋

(10) 政府は 2018（平成 30）年 12 月、人口の東京一極集中を是正するため、地域の経済や住民生活を支える拠点となる（　　）都市として、金沢市など 82 市を選んだ。

① 中枢中核   ② 地方中枢拠点

③ 政令指定   ④ 特例中核

【2】金沢の歴史に関する問題です。以下の文章を読んで、かっこ内に入る適切な語句を選びなさい。

(11) 金沢市の考古資料で初めて国重要文化財に指定された（　　）遺跡は、縄文時代晩期の集落や河川跡から出土し、木製品が腐らずによく残っていた。

① 寺中   ② 中屋サワ

③ 三小牛ハバ   ④ 大友西

(12) 金沢周辺を含む北加賀地方を支配した豪族の（　　）氏は、古墳時代の 570（欽明 31）年、海岸に来着した高句麗の使者から大王と称して貢物をだまし取ったとされる。

① 生江   ② 江沼

③ 道   ④ 利波

(13) 金沢市の畝田ナベタ遺跡からは、来着した（　　）からの使者より譲り受けたとみられる装飾品の「帯金具」が出土している。

① 高句麗　　　　　　　　　② 唐
③ 新羅　　　　　　　　　　④ 渤海

(14) 安政の「泣き一揆」の犠牲者を供養する東山の「七稲地蔵」は（　　）の前にある。

① 西源寺　　　　　　　　　② 寿経寺
③ 宝泉寺　　　　　　　　　④ 静明寺

(15) 加賀馬場白山本宮の末社であった「佐那武社」は、現在の（　　）である。

① 大野湊神社　　　　　　　② 犀川神社
③ 豊田白山神社　　　　　　④ 石浦神社

207

(16) 加賀と越中の国境に近く、現在の金沢市二俣町にある本泉寺は、蓮如の本山継承に尽力した叔父の（　　）によって開創された。

① 存如　　　　　　　　　　② 如乗
③ 巧如　　　　　　　　　　④ 蓮悟

(17) 現在の金沢21世紀美術館が建つ広坂遺跡からは、（　　）時代の都城の文様をモデルとする瓦が大量に出土し、寺院跡と判明した。

① 古墳　　　　　　　　　　② 奈良
③ 平安　　　　　　　　　　④ 鎌倉

(18) 加賀藩祖前田利家の葬儀が行われた金沢の寺院は（　　）である。

① 宝円寺　　　　　　　　　② 桃雲寺
③ 天徳院　　　　　　　　　④ 大乗寺

(19) 1643（寛永 20）年、4 代藩主の前田光高は、金沢城北
ノ丸に（　　　）をつくらせた。

① 東照宮　　　　　　　　　② 天満宮

③ 八幡宮　　　　　　　　　④ 豊国社

(20) 加賀藩には御細工所と呼ばれる工芸工房があり、最初は
武器・武具の管理や修理を行っていたが、やがて美術工
芸品の制作を担うようになり、藩主・前田（　　　）のころ、
藩営工房として完備された。

① 利長　　　　　　　　　　② 利常

③ 光高　　　　　　　　　　④ 綱紀

(21)「水戸黄門」の名で知られる徳川光圀は、5 代藩主前田綱
紀の（　　　）に当たる。

① 兄　　　　　　　　　　　② 弟

③ 叔父　　　　　　　　　　④ 従兄

(22) 大槻伝蔵は、6 代藩主の前田吉徳のもとで異例の出世を
したが、その批判の先鋒に立ったのが重臣の（　　　）だっ
た。

① 前田直躬　　　　　　　　② 前田直之

③ 奥村栄実　　　　　　　　④ 横山隆章

(23) 13 代藩主の前田斉泰は、先代の正室・真龍院のために（　　　）
という隠居所を建てたが、この一部がのちに成巽閣となる。

① 松風閣　　　　　　　　　② 巽御殿

③ 金谷御殿　　　　　　　　④ 竹沢御殿

(24) 前田利常は、利家の四番目の男子だが、側室の子であり、利家の重臣（　　）のもとで養育されたという。
① 前田長種
② 横山長知
③ 篠原一孝
④ 本多政重

(25) 加賀藩5代藩主前田綱紀に才能を見いだされ、武士の教訓的啓蒙書といわれる「明君家訓」を書いた江戸時代中期の朱子学者は（　　）である。
① 新井白石
② 室鳩巣
③ 貝原益軒
④ 青木昆陽

(26) 1878（明治11）年の北陸・東海巡幸の際、金沢での行在所となったのが、薬種商を家業として代々、町年寄を歴任した（　　）家であった。
① 石黒伝六
② 森下八左衛門
③ 木谷藤右衛門
④ 中屋彦十郎

(27) 歴代の第四高等学校（中学校）校長のうち、現在、石川四高記念文化交流館となっている本館前庭に唯一、銅像が残されているのは（　　）である。
① 溝渕進馬
② 伊藤武雄
③ 北條時敬
④ 小松倍一

(28) 1878（明治11）年5月、（　　）の島田一郎ら6人は政府高官の大久保利通を東京・紀尾井町で暗殺し、藩閥政府に抵抗した。
① 忠告社
② 三光寺派
③ 専修寺派
④ 精義社

(29) 旧金沢城域には、明治以降、陸軍や金沢大学の敷地となり多くの建造物がつくられたが、陸軍時代の遺構として旧金沢城内に残っているのは、次のうち（　　）である。
① 第九師団司令部庁舎
② 第四師団司令部庁舎
③ 第六旅団司令部庁舎
④ 近衛師団司令部庁舎

(30) 昭和初期、反戦川柳人として活躍した（　　）は、歩兵第七連隊内で運動を試みた。
① 中野重治
② 森山啓
③ 鶴彬
④ 杉森久英

【3】 金沢の史跡、庭園、地理、寺社、建造物に関する問題です。以下の文章を読んで、かっこ内に入る適切な語句を選びなさい。

(31) 1592（文禄元）年、前田利家の命で金沢城の（　　）を完成させたのは、篠原一孝である。
① 石川門
② 河北門
③ 高石垣
④ 三階櫓

(32) 兼六園と兼六坂を挟んで位置する西田家庭園は、崖地を利用した上下二段式の池泉回遊式庭園で、江戸時代初期、加賀藩御小将頭の（　　）が手掛け、約100年をかけて完成した。
① 太田長知
② 興津忠治
③ 小堀遠州
④ 脇田直賢

(33) 山の上町にある（　　）は築山池泉式の書院庭園で、金沢市指定文化財である。

① 野村家庭園
② 心蓮社庭園
③ 光覚寺庭園
④ 松風閣庭園

(34) 兼六園の霞ケ池に浮かぶ蓬莱島は別名「亀甲島」と呼ばれ、亀を模しており、鶴に見立てた対岸の（　　）とあわせ、めでたさを表している。

① 塩釜桜
② 根上松
③ 徽軫灯籠
④ 唐崎松

(35) 動物の形に似た兼六園の三要石とは、獅子巌、龍石と（　　）である。

① 馬石
② 虎石
③ 蛙石
④ 蛇石

(36) 寺町台地の一角に鉱山王・横山家が残した「辻家庭園」（旧横山家庭園）には、富士山麓の溶岩を活用した石組みや当時の最新土木技術である（　　）で造られた人工の滝が設けられ、評判になった。

① 鋼鉄
② コンクリート
③ アスファルト
④ セラミック

(37) 建仁寺流大工棟梁の（　　）は、加賀藩3代藩主前田利常の命を受け、羽咋市の妙成寺などの造営を手掛けた。

① 山上嘉広
② 清水九兵衛
③ 清水峯充
④ 木原義久

(38) 前田家2代藩主利長が、野田山の父・利家の墓を守るため、建立した寺院は（　　）である。

① 全性寺   ② 経王寺

③ 宝円寺   ④ 桃雲寺

(39) 鞍月用水に面する小さな祠の（　　）神社は、かつて加賀藩の老臣・村井家の奥方の嫉妬封じの祈願のために建てられ、縁結びと縁切り双方の御利益があると伝えられる。

① 貴船   ② 金比羅

③ 三輪   ④ 猿丸

(40) 犀川の源流地に端を発し、貝殻の多い地層「大桑層」をくぐり抜け、小立野台、石引にわき出す伏流水はミネラル分を豊富に含み、（　　）と呼ばれている。

① 百々水   ② 福水

③ 百年水   ④ 菊水

(41) 金沢市街の家並みが一望できる卯辰山の宝泉寺は、加賀藩祖前田利家の守り本尊である（　　）を祀っていることで知られている。

① 摩利支天   ② 毘沙門天

③ 大黒天   ④ 鬼子母神

(42) 本多町2丁目の日蓮宗本行寺を創建した京都の本行院日海は、（　　）の指南役として、織田信長、豊臣秀吉、徳川家康に仕えたことでも知られる。

① 茶道   ② 囲碁

③ 書道   ④ 護身術

(43) 前田利常の四女・富姫が輿入れした八条宮智忠親王は、前田家の援助もあり、父・智仁親王が造営した京都・(　)の御殿と庭園の整備に努めた。
① 修学院離宮　　　　　② 二条城
③ 仙洞御所　　　　　　④ 桂離宮

(44) 金沢城二ノ丸御殿にあった能舞台を移築した神社建造物は、(　)である。
① 長田菅原神社拝殿
② 大野湊神社能舞台
③ 尾崎神社拝殿
④ 中村神社拝殿

(45) 金沢五社のうち、(　)の境内には、樹齢千年を超えるといわれる市指定保存樹第1号のケヤキがある。
① 宇多須神社　　　　　② 小坂神社
③ 神明宮　　　　　　　④ 安江八幡宮

(46) 金沢城の東ノ丸櫓の1つで、城のシンボルとしての役割を果たしたとされる櫓は、(　)である。
① 辰巳櫓　　　　　　　② 菱櫓
③ 三階櫓　　　　　　　④ ニラミ櫓

(47) 城下町金沢の定火消とは、(　)を意味している。
① 町火消を定職とする組織
② 町火消の定め書き
③ 町に雇われた火消
④ 武士の火消役

(48) 金沢城河北門の枡形の漆喰塀には、（　　）が埋め込まれている。

① 呪符　　　　　　　　② 鉄柱
③ 金箔瓦　　　　　　　④ 石垣

(49) 伝統家屋の活用と情報発信の拠点として、金沢市 茨木町 にある市指定保存建造物「旧川縁米穀店」を改修し、2016（平成28）年に開館した施設は（　　）である。

① 金澤町家情報館
② 金沢職人大学校
③ 金沢建築博物館
④ 金沢ふるさと偉人館

(50) 金沢市長町にある金沢聖霊総合病院の敷地内にある聖堂は、1931（昭和6）年にスイス人建築家（　　）の設計で建てられたロマネスク様式の木造教会建築で、市指定文化財になっている。

① メリー・K・ヘッセル
② トマス・クレイ・ウィン
③ ウィリス・ホイットニー
④ マックス・ヒンデル

【4】金沢の食文化、習わし、金沢ことばに関する問題です。以下の文章を読んで、かっこ内に入る適切な語句を選びなさい。

(51) 加賀野菜のたけのこは、1766（明和3）年、加賀藩の足軽だった（　　）が江戸から孟宗竹を持ち帰ったのが始まりといわれる。

① 直江屋伊兵衛　　　　② 松本佐一郎
③ 岡本右太夫　　　　　④ 米林利雄

(52) 少し酸っぱくなってきたたくあんを薄く切って塩抜きし、煮干しの出汁としょう油、少しの砂糖で煮る料理を「ぜいたく煮」または「(　　)」と呼ぶ。

① 大名煮 　　　　　　　② もてなし煮
③ てんば煮 　　　　　　④ 加賀煮

(53) 夏の酒の肴、珍味として脂の少ない夏ぶりの干したものを (　　) と呼ぶ。

① 巻きぶり 　　　　　　② いなだ
③ ふぐすじ 　　　　　　④ そろばん

(54) 金沢の正月菓子として知られる福梅は、藩政期に京都の北野天満宮から金沢城に届けられた (　　) をヒントに考え出されたといわれている。

① 餅菓子 　　　　　　　② 砂糖菓子
③ 米菓子 　　　　　　　④ 飴菓子

(55) 加賀野菜である加賀れんこんの金沢での栽培は、藩政期に (　　) から蓮の苗を持ち帰り、金沢城内に植えたのが始まりとされる。

① 信濃 　　　　　　　　② 美濃
③ 下野 　　　　　　　　④ 江戸

(56) 加賀藩の御料理人の舟木伝内・安信親子がまとめた料理書「(　　)」は９冊からなる大著で、さまざまな食材の特徴や産地、献立を記している。

① ちから草 　　　　　　② 江戸料理通
③ 料理無言抄 　　　　　④ 式正膳部集解

(57) 地方名が多いマメ類のフジマメは、金沢では加賀野菜の「加賀（　　）」として親しまれている。
　① だいず　　　　　　　　　② つるまめ
　③ いんげん　　　　　　　　④ そらまめ

(58) 正月や祭りの時に、煮溶かした寒天液に砂糖やしょう油を加え、溶き卵を流し固めた料理の呼び名として適当でないものは、以下のうち（　　）である。
　① えびす　　　　　　　　　② べろべろ
　③ はやびし　　　　　　　　④ こはくたま

(59) 元々は黄白の城中菓子であり、かつて婚礼の引き出物によく使われていた薄くて丸形の紅白せんべいには、（　　）の文字が書かれている。
　① 賀　　　　　　　　　　　② 寿
　③ 祝　　　　　　　　　　　④ 志

(60) 金沢で「ハレの日」に用意される五色生菓子は、加賀藩の御用菓子屋の（　　）が創作したと伝えられる。
　① 樫田吉蔵（きちぞう）　　　　② 舟木安信
　③ 久 徳尚則（きゅうとくなおのり）　④ 道願屋彦兵衛（どうがんやひこべえ）

(61) 通夜や法要、上棟式でふるまわれる黒豆入りの蒸したおこわは、（　　）と呼ばれる。
　① ひさたま　　　　　　　　② みたま
　③ しろこわい　　　　　　　④ ひめいい

(62) 金沢の郷土玩具である（　　）は、2010（平成22）年の年賀郵便切手のデザインに選ばれた。

① 米喰いネズミ

② 加賀八幡起き上がり

③ 加賀魔除虎

④ 加賀獅子頭

(63) 金沢の数カ寺に、墓で子を産み育てた「飴買い幽霊」の伝説が継承されており、金石西3丁目の（　　）には円山応挙が描いたと伝わる母幽霊の掛け軸が所蔵されている。

① 道入寺 　　　　　　　　② 西方寺

③ 立像寺 　　　　　　　　④ 光覚寺

(64) 金沢市指定の無形民俗文化財の「餅つき踊り」は、住民が前田利家の金沢城入城を祝い、餅をついて献上したのが始まりとされ、（　　）神社の秋祭りで奉納される。

① 松尾 　　　　　　　　　② 加茂

③ 上野八幡 　　　　　　　④ 宇多須

(65) 毎年春と秋の彼岸に、笠市町の（　　）では150年以上前から寺に伝わる「地獄極楽絵図」を公開している。

① 妙泰寺 　　　　　　　　② 願成寺

③ 因徳寺 　　　　　　　　④ 照円寺

(66) 金沢に古くから伝わる正月遊びの「旗源平」で、サイコロを2個振って一番強い目は1と5であり、（　　）と呼ぶ。

① ちんご 　　　　　　　　② びんご

③ うめがいち 　　　　　　④ ごめがいち

217

(67) かつて金沢で、かぼちゃのことを指して使われた「ぼぶら」は、中世末期に日本に伝えられた（　　）に由来する言葉である。
① オランダ語
② フランス語
③ ポルトガル語
④ イタリア語

(68) 語源が「疎（うと）まし」とされる金沢ことばの「おとましい」は、（　　）の意で用いる。
① もったいない
② 気に食わない
③ うっとうしい
④ そらぞらしい

(69) 金沢の人と話していたら「げんぞらしいこと言わんといてください」と言われた。「げんぞらしい」の意味は（　　）である。
① わざとらしい
② よそよそしい
③ 悲しい
④ おそろしい

(70) 金沢ことばの「しょまな」とは、（　　）を表す言葉である。
① することがなく暇な
② 不器用でへたな
③ 意味がわからず妙な
④ 嫌みで意地悪な

【5】金沢の美術工芸、芸能に関する問題です。以下の文章を読んで、かっこ内に入る適切な語句を選びなさい。

(71) 加賀に招かれ、農耕図を多く残した（　　）は、国宝の納涼図屏風を描いたことでも知られる。
① 福島 秀川（しゅうせん）
② 久隅守景（く すみもりかげ）
③ 佐々木泉景（せんけい）
④ 梅田 九栄（きゅうえい）

(72) 野町の少林寺にある梵鐘（ぼんしょう）は、（　　）の手になる作で、金沢市指定文化財である。
① 初代宮崎寒雉（かんち）　　　② 初代鈴木光弘
③ 初代水野源六　　　　　　　　④ 初代山川孝次（こうじ）

(73) 春日山窯の廃絶を惜しんで民山窯を開いた加賀藩士・武田民山は多芸な人で、木彫では（　　）と号し、成巽閣（えっけん）の謁見（らんま）の間を飾る欄間彫刻などを遺している。
① 民月　　　　　　　　　　　　② 友月
③ 友山　　　　　　　　　　　　④ 友民

(74) 人間国宝の大場松魚は、金銀の板金を用いた古代の漆工技術を現代に生かして、（　　）と称する華麗な文様表現を確立した。
① 截金（きりかね）　　　　　　② 平脱（へいだつ）
③ 金貝（かながい）　　　　　　④ 平文（ひょうもん）

(75) 初代宮崎寒雉は、裏千家の千仙叟宗室（せんのせんそうそうしつ）の指導を受けて前田家御用の釜師として茶の湯釜をつくった。代表作に石川県指定文化財に指定されている（　　）がある。
① 乙御前釜（おとごぜがま）　　② 焼飯釜（やきめしがま）
③ 雲龍釜（うんりゅうがま）　　④ 大講堂釜（だいこうどうがま）

(76) 京都の新撰組・沖田総司の愛刀は加州「（　　）」の鍛えた刀で、1864（元治元）年の池田屋事件の際に使われたとされる。
① 清光　　　　　　　　　　　　② 兼若
③ 勝国　　　　　　　　　　　　④ 友重

(77) 重要無形文化財保持者（人間国宝）・魚住為楽の得意とする銅鑼は、他の工芸品と異なり、音色をいのちとする（　）という銅と錫の合金による金工品である。

① 青銅
② 真鍮
③ 砂張
④ 丹銅

(78) 加賀藩士の（　）は、茶道・宗和流の家元をも務めた。

① 多賀宗乗
② 由比勘兵衛
③ 本多政長
④ 富田景周

(79) 金沢出身の玉井敬泉は、「（　）の画家」とも称された日本画家で、雄大な霊峰に対するひたむきな愛着を投影し、スケールの大きなパノラマ風の作品を遺している。

① 富士山
② 白山
③ 立山
④ 医王山

(80) 明治末から大正にかけて、三浦彦太郎は（　）機の研究を重ね、人力による作業を機械化することに成功した。

① 箔打ち
② 製紙
③ 撚糸
④ 手機

(81) 金沢の二俣地区に伝わる「いやさか踊り」は、（　）の戦勝を祝い、繁栄を祈った歌とされる。

① 浅井畷での前田利長
② 末森城での前田利家
③ 大坂夏の陣での徳川家康
④ 倶利伽羅での木曽義仲

(82) 加賀獅子舞の棒術の顕著な流儀は2つあり、それが現在まで続いているといわれる。そのひとつは半兵衛流であり、もうひとつは（　　）である。

①　新陰流
②　富田流
③　北辰一刀流
④　土方流

(83) 江戸時代中期、歌舞伎で活躍した、悪役の名優である初代（　　）は、生まれたのが加賀国の宮腰（現在の金石）だったので、「加賀屋」と呼ばれた。

①　市川団十郎
②　市川歌右衛門
③　中村歌右衛門
④　尾上菊五郎

(84) 加賀藩の能は当初、金春流が盛んだったが、藩主（　　）の時代から宝生流が主流となった。

①　前田利家
②　前田利長
③　前田利常
④　前田綱紀

(85) 大正時代から昭和初期にかけて、並木町で大衆興行の中心として栄えたのは（　　）である。

①　菊水倶楽部
②　尾山倶楽部
③　福助座
④　松竹座

【6】金沢ゆかりの文学に関する問題です。以下の文章を読んで、かっこ内に入る適切な語句を選びなさい。

(86) 徳田秋声が「町の踊り場」で描いたダンスホールは（　　）にあった。

①　兼六園下
②　下新町
③　武蔵が辻
④　片町

(87) 泉鏡花の小説「義血侠血」で、滝の白糸が村越欣弥と親しく語り合う場所は（　　）あたりである。

① 天神橋　　　　　　　　② 兼六園
③ 香林坊　　　　　　　　④ 卯辰山

(88) 水芦光子は詩人として出発し、後に作家となったが、師事したのは（　　）である。

① 島田清次郎　　　　　　② 泉鏡花
③ 徳田秋声　　　　　　　④ 室生犀星

(89) 尾崎紅葉門下の四天王と言われたのは、泉鏡花、小栗風葉、柳川春葉、（　　）の4人である。

① 徳田秋声　　　　　　　② 桐生悠々
③ 三宅雪嶺　　　　　　　④ 石橋忍月

(90) 三島由紀夫は 1961（昭和 36）年 12 月、小説「（　　）」の取材のために金沢を訪れた。

① 午後の曳航　　　　　　② 潮騒
③ 美しい星　　　　　　　④ 豊饒の海

(91) 第四高等中学校で、徳田秋声と親交を深め、1892（明治25）年3月、文学者になろうと一緒に上京したが失敗し、復学して帝国大学（後の東京帝国大学）に入学、反骨のジャーナリストとして大成したのは、（　　）である。

① 清水 澄　　　　　　　② 田中 涼葉
③ 石橋忍月　　　　　　　④ 桐生悠々

(92) 室生犀星は金石で詩人としての心を養ったが、詩人として、その名が知られるようになった「抒情小曲集」の一編に、金石で見たと思われる（　　）をうたった詩がある。

① 蟹　　　　　　　　　　② かもめ
③ とんび　　　　　　　　④ ヒトデ

【7】金沢ゆかりの人物に関する問題です。以下の文章を読んで、
かっこ内に入る適切な語句を選びなさい。

(93) 浅野川大橋から主計町（かずえまち）に入った所に「今越清三朗翁出生
の地」の碑がある。後に金箔職人として大成する8歳の
今越が辻占を売り歩いているとき、運命的な出会いをし
た人は（　　）である。
① 泉鏡花　　　　　　　　② 乃木希典
③ 林銑十郎　　　　　　　④ 細野燕台

(94) 金沢生まれの建築家・谷口吉郎（よしろう）の根底にある建築理念は、
（　　）である。
① 美しい意匠　　　　　　② 真白き意匠
③ 静かな意匠　　　　　　④ 清らかな意匠

(95) 文化勲章受章者の漆芸家・松田権六は多くの文化財修復
を手がけているが、（　　）の修復もその一つである。
① 法隆寺夢殿　　　　　　② 東大寺南大門
③ 中尊寺金色堂　　　　　④ 円覚寺三門

(96) わが国最初のマッコウクジラの捕獲やサケ・マスの人工
孵化・放流事業に取り組んだ（　　）は、「近代漁業のパ
イオニア」とも呼ばれている。
① 河波有道（ありみち）　　　　　　② 関沢明清（あききよ）
③ 岡田雄次郎　　　　　　④ 津田米次郎

(97) 金沢市出身で、台湾中部に「白冷圳」（はくれいしゅう）と呼ばれる全長約
17キロの農業用水路を築いたのは、（　　）である。
① 高橋順太郎　　　　　　② 磯田謙雄（のりお）
③ 原龍三郎　　　　　　　④ 野口 遵（したがう）

223

(98) 放射能検知器を日本で最初に製作し、理化学研究所の創
設期からの主要研究者であった金沢出身の化学者（　　）
は晩年、人造宝石の研究も行った。
① 飯盛里安
　　いいもりさとやす
② 桜井錠二
③ 藤井健次郎
④ 清水誠

(99) 金沢が生んだ近代日本を代表する言論人（　　）は、
1888（明治21）年、志賀重昂、杉浦重剛らと「政教社」
　　　　　　　　　しげたか　　　じゅうごう
を結成した。
① 中野正剛
　　せいごう
② 石橋忍月
③ 桐生悠々
④ 三宅雪嶺

(100) 金沢出身で、世界的な仏教哲学者の鈴木大拙は、1946（昭
和21）年、北鎌倉の東慶寺内に禅の文献などを集めた
（　　）文庫を創設した。
① 明倫
② 松ヶ岡
③ 李花亭
④ 金沢

225

（1）	④	平成の百工比照	（26）	④	中屋彦十郎
（2）	③	鏡柱	（27）	①	溝渕進馬
（3）	①	無量寺	（28）	②	三光寺派
（4）	③	福者	（29）	③	第六旅団司令部庁舎
（5）	②	文京	（30）	③	鶴彬
（6）	③	宮城野	（31）	③	高石垣
（7）	③	水橋文美江	（32）	④	脇田直賢
（8）	②	此花	（33）	②	心蓮社庭園
（9）	②	小橋	（34）	④	唐崎松
（10）	①	中枢中核	（35）	②	虎石
（11）	②	中屋サワ	（36）	②	コンクリート
（12）	③	道	（37）	①	山上嘉広
（13）	④	渤海	（38）	④	桃雲寺
（14）	②	寿経寺	（39）	①	貴船
（15）	①	大野湊神社	（40）	③	百年水
（16）	②	如乗	（41）	①	摩利支天
（17）	②	奈良	（42）	②	囲碁
（18）	①	宝円寺	（43）	④	桂離宮
（19）	①	東照宮	（44）	④	中村神社拝殿
（20）	④	綱紀	（45）	③	神明宮
（21）	③	叔父	（46）	①	辰巳櫓
（22）	①	前田直躬	（47）	④	武士の火消役
（23）	②	巽御殿	（48）	④	石垣
（24）	①	前田長種	（49）	①	金澤町家情報館
（25）	②	室鳩巣	（50）	④	マックス・ヒンデル

(51)	③	岡本右太夫
(52)	①	大名煮
(53)	②	いなだ
(54)	①	餅菓子
(55)	②	美濃
(56)	③	料理無言抄
(57)	②	つるまめ
(58)	④	こはくたま
(59)	②	寿
(60)	①	樫田吉蔵
(61)	②	みたま
(62)	③	加賀魔除虎
(63)	①	道入寺
(64)	③	上野八幡
(65)	④	照円寺
(66)	③	うめがいち
(67)	③	ポルトガル語
(68)	①	もったいない
(69)	①	わざとらしい
(70)	②	不器用でへたな
(71)	②	久隅守景
(72)	①	初代宮崎寒雉
(73)	②	友月
(74)	④	平文
(75)	②	焼飯釜

(76)	①	清光
(77)	③	砂張
(78)	①	多賀宗乗
(79)	②	白山
(80)	①	箔打ち
(81)	④	倶利伽羅での木曽義仲
(82)	④	土方流
(83)	③	中村歌右衛門
(84)	④	前田綱紀
(85)	②	尾山倶楽部
(86)	②	下新町
(87)	①	天神橋
(88)	④	室生犀星
(89)	①	徳田秋声
(90)	③	美しい星
(91)	④	桐生悠々
(92)	②	かもめ
(93)	②	乃木希典
(94)	④	清らかな意匠
(95)	③	中尊寺金色堂
(96)	②	関沢明清
(97)	②	磯田謙雄
(98)	①	飯盛里安
(99)	④	三宅雪嶺
(100)	②	松ヶ岡

227

第15回
金沢検定試験問題
《上級》

【1】金沢の最近の話題や出来事、まちづくりに関する問題です。以下の文章を読んで、かっこ内に入る適切な語句を選びなさい。

(1) 国内で初開催となった国際教育科学文化機関（ユネスコ）創造都市ネットワークの「クラフト＆フォークアート分野別会議」が今年10月、金沢市で開かれ、国内からは金沢に次いで同分野で創造都市に認定された（　　）市が参加した。
　① 鶴岡　　　　　　　　② 浜松
　③ 神戸　　　　　　　　④ 丹波篠山

(2) 今年5月、日本遺産「北前船寄港地・船主集落」に追加認定された金沢市の構成文化財は、金石・大野のこまちなみ保存区域や金石・（　　）の鐘楼、北前船で財を成した廻船問屋の住宅など10件である。
　① 本龍寺　　　　　　　② 専長寺
　③ 道入寺　　　　　　　④ 龍源寺

(3) 金沢市が金沢大学工学部跡地に移転・整備する金沢美術工芸大学のキャンパスには、市民も散策できる開放的なメイン通り「（　　）」が設けられる計画である。
　① 創造の道
　② アートプロムナード
　③ アートコモンズ
　④ 創作の庭

（4）金沢市埋蔵文化財センターは今年２月、千田北遺跡で金箔が貼られた鎌倉時代前期のものとみられる（　　）が国内で初めて出土したと発表した。なお、製作年代は、その後の調査で平安時代末期にさかのぼることが分かった。

① 笠塔婆　　　　　　　　② 僧形神像

③ 屋根瓦　　　　　　　　④ 瓦塔

（5）県内でも珍しい織田信長ゆかりの（　　）神社は今年７月、「信長公祭」を２年ぶりに復活させた。

① 泉野櫻木　　　　　　　② 泉八幡

③ 泉野菅原　　　　　　　④ 長坂野

（6）泉鏡花の未完の大作「（　　）」（初出タイトル「黒髪」）の自筆原稿が一部確認され、今年５月から９月まで金沢市の泉鏡花記念館で初公開された。

① 紅提灯　　　　　　　　② 高桟敷

③ 龍胆と撫子　　　　　　④ 草あやめ

（7）今年４月、東浅川小学校と統合した犀川小学校が新たに制作した愛唱歌は、作家の（　　）氏が作詞した。

① 小池真理子　　　　　　② 宮部みゆき

③ 三浦しおん　　　　　　④ 林真理子

（8）1994（平成６）年に歴史的な景観を保存・育成していくため制度化された「こまちなみ」に指定されていないのは、（　　）である。

① 旧・天神町（現・小立野５丁目及び宝町）

② 旧・蛤坂町（現・野町１丁目）

③ 旧・御徒町（現・東山１丁目）

④ 旧・観音町（現・観音町１〜３丁目）

(9) 2009（平成21）年1月に歴史都市第1号に指定された
のは、金沢市のほか、岐阜県高山市、滋賀県彦根市、山
口県萩市と三重県（　　）である。

① 亀山市 ② 津市
③ 伊勢市 ④ 尾鷲市

(10) 2020（令和2）年3月に開業後満5年を迎える北陸新幹
線の車両には、（　　）の趣が前面に打ち出されている。

① 創 ② 翔
③ 和 ④ 雅

**【2】金沢の歴史に関する問題です。以下の文章を読んで、かっ
こ内に入る適切な語句を選びなさい。**

(11) 古代の律令国家は、都と地方を結ぶ陸上の交通制度を整
備し、金沢市域では北陸道の駅路として（　　）が設置
された。

① 大野駅 ② 田上駅
③ 玉鉾駅 ④ 大桑駅

(12) 犀川河口に近い金石本町遺跡は、立地から（　　）時代
に始まった港湾関係の遺跡と考えられている。

① 縄文 ② 弥生
③ 古墳 ④ 飛鳥

(13) 河北潟南部にあった一向一揆の拠点で、「木越の三光」と
呼ばれた有力寺院に該当しないのは（　　）である。

① 光徳寺 ② 光教寺
③ 光専寺 ④ 光琳寺

(14) 1546（天文15）年、金沢に本願寺末寺を設置した時の本願寺住職は（　　）である。

① 蓮如　　　　　　　　② 実如
③ 証如　　　　　　　　④ 顕如

(15) 日本最古の仏教説話集である「日本霊異記」に、奈良時代の越前国加賀郡大野郷畝田村に住んでいた人物として（　　）が登場する。

① 横江臣成人　　　　　② 江淳臣裙代
③ 道公勝石　　　　　　④ 小野朝臣庭麿

(16) 金沢市の（　　）は、現在の白山市横江町周辺に広がっていたと考えられる横江庄の遺構の一部であったとみられ、この一帯は大和の東大寺が領有する荘園だった。

① 堅田B遺跡　　　　　② 上荒屋遺跡
③ 中屋サワ遺跡　　　　④ チカモリ遺跡

(17) 882（元慶6）年、渤海国の使節が加賀国に渡来し、漢詩の素養がある文化人の（　　）が国司に任命された。

① 大伴家持　　　　　　② 柿本人麻呂
③ 菅原道真　　　　　　④ 紀貫之

(18) 1488（長享2）年、加賀守護・富樫政親が一向一揆と戦い、高尾城で自害した後、代わって守護の地位に就いたのは（　　）であった。

① 河合宣久　　　　　　② 富樫幸千代
③ 下間頼総　　　　　　④ 富樫泰高

(19) 室町時代後期、富樫氏に代わって石川・河北両郡からなる北加賀半国守護の地位にあった播磨国出身の人物は、（　　）である。

① 赤松政則　　　　　　② 別所長治
③ 山名持豊　　　　　　④ 畠山義就

(20) 森本川上流の三谷地区は、「三谷法華」とも呼ばれる中世法華信仰の濃密な地区で、その中心であった（　　）は1472（文明４）年銘を持つ市指定文化財の木造日蓮聖人坐像を安置する。

① 円乗寺　　　　　　　② 本興寺
③ 法華寺　　　　　　　④ 本蓮寺

(21) 金沢城天守の創建にあたり、越前の商人（　　）は、鉄材調達などに尽くした。

① 高島屋　　　　　　　② 浅野屋
③ 伊勢屋　　　　　　　④ 平野屋

(22) 前田家３代藩主利常の正室珠姫が死去した翌年、利常は小立野台地に天徳院を建立し、安房国から（　　）を迎え開山とした。

① 大透圭徐　　　　　　② 象山徐芸
③ 巨山泉滴　　　　　　④ 春屋宗園

(23) 前田家４代藩主光高は、早くから松永尺五に師事し朱子学を学び、1642（寛永19）年には（　　）という政治道徳の書を漢文体で著した。

① 桑華字苑　　　　　　② 自論記
③ 燕台風雅　　　　　　④ 土芥寇讎記

(24) 辰巳用水の導水管は当初、木製であったが1840~60年代に
（　　）製に切り替えられた。

①　滝が原石　　　　　　　　②　笏谷石

③　戸室石　　　　　　　　　④　金屋石

(25) 1870（明治3）年、金沢城内と兼六園内に、それぞれ異
人館（洋館）が建てられた。前後2棟の居宅を使用した
お雇い外国人名の組み合わせで正しいのは（　　）である。

①　スロイス - デッケン

②　スロイス - ホルトルマン

③　デッケン - ウィン

④　オーズボン - デッケン

(26) 1930（昭和5）年、兼六園内で「加越能維新勤王紀念標」
の完成除幕式が行われた。その際、来賓として出席した
陸軍中将（　　）は、後に首相となる人物である。

①　阿部信行　　　　　　　　②　林銑十郎

③　木越安綱　　　　　　　　④　辻政信

(27) 明治新政府は、旧来の禄制を廃止するため、華族や士族
に（　　）を発行した。金沢で発行された総額は800万
円を超え、対象は約1500人だった。

①　賞典公債　　　　　　　　②　金禄公債

③　家禄公債　　　　　　　　④　賞典禄債

(28) 金沢に開設された第四高等学校の「第四」の意味は（　　）
である。

①　全国で四番目に開設された高等学校だから

②　北から数えて四番目に開設された高等学校だから

③　全国に高等中学校がつくられたとき金沢が第四学区
　　だったから

④　語呂がいいから

(29) 1934（昭和9）年に金沢を訪れ、尾山神社神門の旧「国宝」指定について「折り紙」を付けた建築家は、国宝保存会委員で元東京帝大教授の（　　　）であった。
① 丹下健三　　　　　② 谷口吉郎
③ 辰野金吾　　　　　④ 関野貞

(30) 現在は取り壊されてしまったが、かつて金沢にあった建物のうち、明治期の代表的な建築家で、東京駅を設計した辰野金吾の設計によるものは（　　　）である。
① 日本銀行金沢出張所
② 明治生命金沢支店
③ 大同生命金沢支社
④ 金沢市役所

【3】 金沢の史跡、庭園、地理、寺社、建造物に関する問題です。以下の文章を読んで、かっこ内に入る適切な語句を選びなさい。

(31) 玉泉院丸庭園の一部にもなっている「色紙短冊積石垣」は、（　　　）の代表的な工法だが、同種の石垣と比べて斬新な意匠であるといわれる。
① 野面算木積　　　　② 切石乱積
③ 割石乱積　　　　　④ 切石布積

(32) 金沢の川べりには藩政時代以来、計画的に植樹が行われ、3代藩主利常のころは（　　　）が植えられた。明治時代にはソメイヨシノが植樹され、伏見川が新たな名所となった。
① ツバキ　　　　　　② サクラ
③ マツ　　　　　　　④ ヤナギ

(33) 金沢市内でも年代的に最も古い茶室とされる西田家庭園の（　　）露地並びに庭園は、加賀藩に来仕した千仙叟宗室の指導により作庭されたと伝えられている。
① 内橋亭　　　　　　　② 寒雲亭
③ 灑雪亭　　　　　　　④ 山宇亭

(34) 二俣町の本泉寺にある県指定名勝「（　　）」は、県内最古の中世庭園とされ、この寺に長く滞在した真宗中興の祖・蓮如が自らの手で植えたと伝わるヒバの巨木がある。
① 浄土の庭　　　　　　② 鶴亀の庭
③ 阿弥陀の庭　　　　　④ 九山八海の庭

(35) 金沢市山科地区の伏見川周辺の丘陵地に広がる（　　）化石産地は、川底に数多くみられる甌穴とともに国天然記念物に指定されている。
① 大桑層　　　　　　　② 富樫層
③ 満願寺層　　　　　　④ 三小牛層

(36) 室生犀星の育った雨宝院に全国的にも珍しい（　　）が建っている。碑の表には「(略) ここにもてくべし　ここにたづぬべし」と刻まれている。
① さがし子石　　　　　② みすて子石
③ まよい子石　　　　　④ みつけ子石

(37) 藩政時代、犀川上流から引かれた辰巳用水は、（　　）を通って金沢城内の水源となった。
① 石川門前の土橋　　　② 百間堀の底地盤
③ 広坂の地盤　　　　　④ 白鳥堀の底地盤

(38) 金沢で国の重要伝統的建造物群保存地区（重伝建）に選定された地区のうち、3番目に選定されたのは（　　）である。

① 主計町　　　　　　　② 寺町台
③ 東山ひがし　　　　　④ 卯辰山麓

(39) かつて金沢市内にあった名瀑「霞ケ滝」は、（　　）の横にあった。

① 卯辰山帰厚坂　　　　② 小立野八坂
③ 卯辰山子来坂　　　　④ 小立野馬坂

(40) 金沢の町会所は近世初頭、町人・竹屋仁兵衛の居宅があてられたことに始まると言われているが、その場所は旧（　　）である。

① 博労町　　　　　　　② 伝馬町
③ 鍛冶町　　　　　　　④ 白銀町

(41) 浅野川右岸の中の橋から小橋に至る直線道路は、（　　）の跡である。

① 関助馬場　　　　　　② 岩根馬場
③ 小橋馬場　　　　　　④ 浅野馬場

(42) 金沢市は歴史的風情を残す「こまちなみ」を保存するため条例をつくり、2000（平成12）年6月、「旧彦三一番丁・（　　）区域」をその保存区域に指定した。

① 母衣町　　　　　　　② 尾張町
③ 主計町　　　　　　　④ 上新町

(43) 江戸時代、金沢は何度か大火に遭った。1759（宝暦9）年の大火は泉野寺町の（　　）から出火したものだった。

① 玉龍寺　　　　　　　② 遍照寺
③ 妙典寺　　　　　　　④ 舜昌寺

(44) 金沢四大仏とは、寺町5丁目の浄安寺と極楽寺の阿弥陀
如来坐像、東山2丁目の玄門寺の阿弥陀如来立像と（　　）
の釈迦如来立像である。
① 妙泰寺　　　　　　　　② 真成寺
③ 蓮昌寺　　　　　　　　④ 三宝寺

(45) 加賀藩5代藩主綱紀の御霊屋の建物は、かつては小立野
4丁目の天徳院にあったが、（　　）に移築されて、その
拝殿として使用されている。
① 田井菅原神社　　　　　② 尾﨑神社
③ 大野湊神社　　　　　　④ 佐奇神社

(46) 金沢城内にあった金沢東照宮（現尾﨑神社）の最初の別
当職は（　　）の塔頭である常照院の僧侶が務めた。
① 浅草寺　　　　　　　　② 芝増上寺
③ 日光東照宮　　　　　　④ 上野寛永寺

(47) 寺町台の一角に鉱山王・横山家が残した辻家庭園（旧横
山家庭園）は、庭師（　　）が手掛けた。
① 水原権作　　　　　　　② 小川治兵衛
③ 重森三玲　　　　　　　④ 広瀬利兵衛

(48) 金沢市と友好交流都市提携している東京都板橋区の加賀
公園には、友好の証として（　　）をモデルとした記念
碑が設置されている。
① 尾山神社神門　　　　　② 金沢城石川門
③ 兼六園徽軫灯籠　　　　④ 前田利家公像

(49) 金沢市本多町3丁目の松風閣は、加賀藩13代藩主斉泰の妹（　　　）が加賀八家筆頭本多家に輿入れする際に建てられ、3度の移築を繰り返し保存されてきた。
① 寿々姫　　　　　　　　② 喜代姫
③ 直姫　　　　　　　　　④ 菊姫

(50) 歴代金沢市長のうち、旧金沢市庁舎や旧日本生命金沢支社などを手掛けた建築家でもあったのは、（　　　）である。
① 相良歩　　　　　　　　② 片岡安
③ 吉川一太郎　　　　　　④ 山森隆

【4】金沢の食文化、習わし、金沢ことばに関する問題です。以下の文章を読んで、かっこ内に入る適切な語句を選びなさい。

(51) 焼き麩として市場に出回っている加賀くるま麩は、グルテンに合わせ粉として（　　　）を加えた原料を棒に巻きつけ、直火で焼成したものをいう。
① 片栗粉　　　　　　　　② 小麦粉
③ 米粉　　　　　　　　　④ 葛粉

(52) 金沢の食べ物で「ほーら」と呼ばれるフグの糠漬の一種は、フグの（　　　）を漬けたものである。
① 尾の部分　　　　　　　② 背の部分
③ 頭の部分　　　　　　　④ あごの部分

(53) 金沢のタケノコ栽培で、江戸時代に内川地区で産地の基礎を築いたのは向田吉右衛門であり、明治時代初期に富樫地区に普及させたのは（　　　）である。
① 内田孫三郎　　　　　　② 大西孫次郎
③ 道願屋彦兵衛　　　　　④ 松下仁右衛門

(54) 金沢の夏菓子である（　　）は、焼いてスミ状にした昆布を道明寺粉や寒天とともに型に流し固めたものである。

① 土用餅　　　　　　　　　② 葉月餅
③ 鯨餅　　　　　　　　　　④ 水牡丹餅

(55) 金沢で「漬け菜」のことを指す（　　）は、中世後期に宮中の女房たちが使った女房詞に由来する。

① おくもじ　　　　　　　　② おてま
③ おかべ　　　　　　　　　④ おつけ

(56) 加賀野菜の「二塚からしな」は、ワサビに似た辛味成分（　　）が食欲をそそる。

① カテキン　　　　　　　　② シニグリン
③ タンニン　　　　　　　　④ アントシアニン

(57) 加賀野菜である源助だいこんや打木赤皮甘栗かぼちゃは、（　　）が砂丘農業に適するように品種改良して生み出した。

① 高多久兵衛　　　　　　　② 表与兵衛
③ 松本佐一郎　　　　　　　④ 西川長右衛門

(58) 金沢市は、金沢の風土を生かして生産された農産物を「金沢そだち」として認証しており、ダイコン、スイカ、ナシに加え、2016（平成28）年に小玉スイカ、（　　）、トマトが指定された。

① キュウリ　　　　　　　　② ハクサイ
③ ニンジン　　　　　　　　④ サトイモ

(59) 金沢市農産物ブランド協会が加賀野菜ブランドとしてつくったキャラクター「ベジタン」は、（　　）をイメージしている。

① 打木赤皮甘栗かぼちゃ　　② ヘタ紫なす
③ 五郎島金時　　　　　　　④ 加賀太きゅうり

(60) 金沢の報恩講では、供養の御膳を「おとき」といい、(　　)が振る舞われることが多い。
① カボチャのいとこ汁
② レンコンのだんご汁
③ サツマイモのいとこ汁
④ アズキのいとこ汁

(61) 金沢市内に残る民俗芸能や風俗習慣のうち、県指定無形民俗文化財となっている (　　) は、金沢百万石まつりなどで披露されている。
① 加賀獅子
② 加賀万歳
③ 加賀鳶梯子登り
④ 湯涌念仏踊り

(62) スキーが金沢にもたらされたのは、金沢郵便局の命を受けて白峰郵便局の松原伝吉が新潟県高田の講習会に赴き、その帰途 (　　) 山で滑った 1912 (明治 45) 年だったとされる。
① キゴ
② 卯辰
③ 医王
④ 大乗寺

(63) 浅野川で老後の平安を願って行われてきた風習「七つ橋渡り」に対し、防火と無病息災を願う風習「八つ橋巡り」は (　　) の一帯に伝わる。
① 鞍月用水
② 大野庄用水
③ 辰巳用水
④ 長坂用水

(64) 大野川流域の9地域で保存・継承されている (　　) は、2013 (平成 25) 年に金沢市指定文化財となった。
① 奴行列
② 曳山行列
③ 南無とせ節
④ 悪魔払

(65) 加賀藩主の婚姻や嗣子の誕生などの慶事に際して、町を挙げて祝った「盆正月」は、（　　）が家督を継いだのが始まりとされる。

① 4代光高 ② 5代綱紀
③ 6代吉徳 ④ 12代斉広

(66) 藩政期から加賀、能登、越中などの酒造家、酒販店から広く信奉されてきた（　　）では、毎年秋に醸造祈願祭、春に皆造奉告祭が営まれる。

① 松尾神社 ② 市姫神社
③ 椿原天満宮 ④ 久保市乙剣宮

(67) 金沢の正月の玄関に飾るしめ飾りは「金沢型」といわれ、縄を（　　）に巻いた形が特徴である。

① 一重 ② 二重
③ 三重 ④ 五重

(68) 金沢中心部で、冬に雪道が踏み固められてツルツルになった状態を表す金沢ことばの「きんかんなまなま」の「きんかん」は、（　　）に由来するとされる。

① 昔からの塗り薬 ② 柑橘類
③ 栗を使った生菓子 ④ 金管楽器

(69) 「そんな、がまなことばかり言うな」と言う場合の「がまな」は、（　　）という意味である。

① 横着な ② わざとらしい
③ 驚く ④ 無理な

(70) 金沢では「がんもどき」のことを「ミイデラ」とか「ヒロズ」と言うことがある。このうち「ヒロズ」は、（　　）が「がんもどき」をさす方言になったと言われる。

① ポルトガル語　　　　　② 中国語
③ オランダ語　　　　　　④ スペイン語

【5】金沢の美術工芸、芸能に関する問題です。以下の文章を読んで、かっこ内に入る適切な語句を選びなさい。

(71) 日本画家であった金沢・大野出身の（　　）は多能な文人として知られ、俳人として、また古美術鑑定や古文書解読などの優れた才能をもって、郷土史や地域の文化財保護活動に大きな功績を残した。

① 木村杏園　　　　　　　② 山森青硯
③ 山科杏亭　　　　　　　④ 細野燕台

(72) 伝統的に使われてきた製箔専用の手漉紙の一つに、金箔を乗せる台紙の役割を持つ（　　）はミツマタを原料とし、しなやかで薄いのが特長である。

① 箔合紙　　　　　　　　② 箔台紙
③ 箔下紙　　　　　　　　④ 箔移紙

(73) 県指定有形文化財の阿蘭陀白雁香合は、前田家が17世紀に東印度会社を通じて西欧に発注した（　　）製の茶道具で、その洗練された造形は評価が高い。

① マイセン窯　　　　　　② セーブル窯
③ チェルシー窯　　　　　④ デルフト窯

(74) 金沢が誇る優雅で華麗な水引折型細工は、大正期、金沢の（　　）が創意工夫をもって完成させて以降、世に広まった手仕事である。

① 津田梅　　　　　　　　② 津田剛八郎
③ 津田左右吉　　　　　　④ 津田千枝

(75) 糸目鋳造と呼ばれる独特な技法を使いこなした金沢の金工作家（　　）は、主に茶道具を手掛け、1982（昭和57）年には鋳造砂張の技で石川県無形文化財保持者に認定された。

① 山尾次吉　　　　　　　② 黒瀬宗世
③ 板坂辰治　　　　　　　④ 金岡宗幸

(76) 室町時代、梅染と呼ばれる無地の染物が、加賀の特産として進物用にたびたび用いられた。これらは（　　）として他国からも知られていた。

① 茶屋染　　　　　　　　② 加賀染
③ 尾山染　　　　　　　　④ 富樫染

(77) 明治時代に活躍した加賀蒔絵の名工・沢田宗沢の墓は、石引１丁目の（　　）墓地にある。

① 棟岳寺　　　　　　　　② 波着寺
③ 仰西寺　　　　　　　　④ 乗円寺

(78)「加賀正宗」と評された初代・辻村兼若は、（　　）国から移住してきた刀工である。

① 美濃　　　　　　　　　② 大和
③ 備前　　　　　　　　　④ 山城

(79) 1912（明治45）年5月、金沢を訪れた（　　）は呉服商の能家で、かねてからの念願だった長次郎作の黒楽茶碗銘「雁取」を鑑賞した。

① 井上馨　　　　　　　　② 畠山一清
③ 小林一三　　　　　　　④ 横山大観

(80) 前田育徳会が所蔵する国宝の太刀、銘光世作は名物大典太として知られ、（　　）時代後期に活躍したとされる刀工、光世の作である。

① 平安　　　　　　　　　② 鎌倉
③ 室町　　　　　　　　　④ 安土桃山

(81) 宝生流能楽師の初代佐野吉之助が師事したのは、加賀藩御手役者（　　）である。

① 宝生紫雪　　　　　　　② 諸橋権之進
③ 波吉宮内　　　　　　　④ 野村蘭佐

(82) 銭屋五兵衛は俳諧を趣味として亀巣という俳号を持ち、多くの句作を行うとともに（　　）という俳諧紀行文も著している。

① 東巡紀行　　　　　　　② 加賀志徴
③ 更科紀行　　　　　　　④ 宮腰日記

(83) 加賀宝生三雪の1人、第14代大聖寺藩主前田利鬯の雅号は（　　）雪である。

① 紅　　　　　　　　　　② 紫
③ 青　　　　　　　　　　④ 黒

(84) 1914（大正３）年、（　　）は全国で初めての口語短歌・俳句誌「新短歌と新俳句」を創刊、竹久夢二とも親交を持ち、「北國新聞」に口語短歌欄を設けて新短歌の啓蒙と普及に努めた。

① 西出朝風　　　　　　　② 篠原水衣

③ 鴻巣盛広　　　　　　　④ 尾山篤二郎

(85) 現在の日展の前身である帝展に初めて工芸部門が設けられたのは 1927（昭和２）年の第８回展だった。この時、金沢の工芸家の２人、陶芸の（　　）と漆芸の小松芳光が入選を果たした。

① 石野竜山　　　　　　　② 大根草路

③ 石黒宗麿　　　　　　　④ 柄本暁舟

【6】金沢ゆかりの文学に関する問題です。以下の文章を読んで、かっこ内に入る適切な語句を選びなさい。

(86) 松尾芭蕉は、1689（元禄２）年７月15日に金沢に入り、翌日から現在の片町にあった宮竹屋に滞在した。現在、片町スクランブル交差点近くには（　　）の碑がある。

① 「あかあかと」の句

② 「秋涼し」の句

③ 「塚も動け」の句

④ 芭蕉の辻

(87) 泉鏡花の「夫人利生記」に登場する赤門寺とは、東山の（　　）のことである。

① 全性寺　　　　　　　② 西養寺

③ 蓮昌寺　　　　　　　④ 真成寺

(88) 徳田秋声の「（　　）」は、秋声の姉、太田きんの葬儀に
取材した作品である。

① 不安のなかに　　　　　　② 挿話

③ 町の踊り場　　　　　　　④ 穴

(89) 室生犀星と同年生まれの（　　）は、犀星と同じく金沢
出身で短歌を得意とした。

① 表棹影　　　　　　　　　② 相川俊孝

③ 鶴彬　　　　　　　　　　④ 尾山篤二郎

(90) 大正時代の鏡花ファンが感涙にむせんだという名文、「鏡
花泉先生は古今に独歩する文宗なり」という文句で始ま
る「鏡花全集」（春陽堂）の広告文を書いたのは、（　　）
である。

① 里見弴　　　　　　　　　② 谷崎潤一郎

③ 芥川龍之介　　　　　　　④ 久保田万太郎

(91) 三八豪雪に取材した古井由吉「雪の下の蟹」は、（　　）
近傍に下宿した作者の体験に基づいている。

① 桜橋　　　　　　　　　　② 小橋

③ 天神橋　　　　　　　　　④ 小鳥屋橋

(92) 卯辰山工芸工房でガラス工芸を学ぶ牧野玲奈と能登生ま
れの作家・野嶋郷一の恋を描いた伊集院静の長編小説「白
い声」は、金沢とスペインの（　　）を主な舞台としている。

① マドリード　　　　　　　② バルセロナ

③ グラナダ　　　　　　　　④ セゴビア

【7】 金沢ゆかりの人物に関する問題です。以下の文章を読んで、かっこ内に入る適切な語句を選びなさい。

(93) 夏目漱石の小説「坊ちゃん」に登場する「赤シャツ」のモデルといわれているのは、金沢出身の（　　）である。
①　米山保三郎　　　　　　　　②　横地石太郎
③　黒本植　　　　　　　　　　④　桜井房記

(94) 文化勲章受章者で近代建築の巨匠として知られる谷口吉郎の生家は、片町にあった九谷焼の窯元「谷口（　　）」だった。
①　金光堂　　　　　　　　　　②　金仙堂
③　金陽堂　　　　　　　　　　④　金宝堂

(95) 石川県で初めて乳牛のホルスタイン種を輸入、「金沢養特社」を興し、牛乳販売を行ったのは（　　）である。
①　油谷外郷　　　　　　　　　②　円中孫平
③　水登勇太郎　　　　　　　　④　井村荒喜

(96) 兼六園の金城霊沢前に、イノシシ2頭の背に円球が載った風変わりな石碑があるが、これは金沢の文明開化に貢献した（　　）の顕彰碑である。
①　清水誠　　　　　　　　　　②　大屋愷敆
③　森下八左衛門　　　　　　　④　長谷川準也

(97) 「ポンプの神様」の異名をとった金沢出身の（　　）は、明治30年代に画期的な渦巻きポンプを考案、実用化した。
①　井口在屋　　　　　　　　　②　畠山一清
③　三浦彦太郎　　　　　　　　④　荏原吉之助

(98) 西田幾多郎、藤岡作太郎、山本良吉らは、第四高等中学校時代、作文の合評を行うグループ（　　）を結成した。
① 余滴会
② 我尊会
③ 蓮池会
④ 長土塀党

(99) 四高の数学教授であった（　　）は、郷土の和算について調査し、和算家について記した「郷土数学」をまとめた。
① 北条時敬
② 田中鉄吉
③ 関口開
④ 森外三郎

(100) 1978（昭和53）年10月に制定された金沢市名誉市民でないのは、（　　）である。
① 木村雨山
② 谷口吉郎
③ 林屋亀次郎
④ 松田権六

（1）	④	丹波篠山
（2）	①	本龍寺
（3）	②	アートプロムナード
（4）	①	笠塔婆
（5）	③	泉野菅原
（6）	③	龍胆と撫子
（7）	④	林真理子
（8）	④	旧・観音町(現・観音町1〜3丁目)
（9）	①	亀山市
（10）	③	和
（11）	②	田上駅
（12）	④	飛鳥
（13）	②	光教寺
（14）	③	証如
（15）	①	横江臣成人
（16）	②	上荒屋遺跡
（17）	③	菅原道真
（18）	④	富樫泰高
（19）	①	赤松政則
（20）	②	本興寺
（21）	①	高島屋
（22）	③	巨山泉滴
（23）	②	自論記
（24）	④	金屋石
（25）	①	スロイス－デッケン
（26）	①	阿部信行
（27）	②	金禄公債
（28）	③	全国に高等中学校がつくられたとき金沢が第四学区だったから
（29）	④	関野貞
（30）	①	日本銀行金沢出張所
（31）	②	切石乱積
（32）	③	マツ
（33）	③	灑雪亭
（34）	④	九山八海の庭
（35）	①	大桑層
（36）	③	まよい子石
（37）	①	石川門前の土橋
（38）	④	卯辰山麓
（39）	②	小立野八坂
（40）	①	博労町
（41）	①	関助馬場
（42）	①	母衣町
（43）	④	舜昌寺
（44）	③	蓮昌寺
（45）	④	佐奇神社
（46）	④	上野寛永寺
（47）	②	小川治兵衛
（48）	①	尾山神社神門
（49）	①	寿々姫
（50）	②	片岡安

250

(51)	②	小麦粉	(76)	②	加賀染
(52)	④	あごの部分	(77)	③	仰西寺
(53)	②	大西孫次郎	(78)	①	美濃
(54)	③	鯨餅	(79)	①	井上馨
(55)	①	おくもじ	(80)	①	平安
(56)	②	シニグリン	(81)	②	諸橋権之進
(57)	③	松本佐一郎	(82)	①	東巡紀行
(58)	①	キュウリ	(83)	③	青
(59)	①	打木赤皮甘栗かぼちゃ	(84)	①	西出朝風
(60)	④	アズキのいとこ汁	(85)	④	柄本暁舟
(61)	③	加賀鳶梯子登り	(86)	④	芭蕉の辻
(62)	④	大乗寺	(87)	①	全性寺
(63)	②	大野庄用水	(88)	③	町の踊り場
(64)	①	奴行列	(89)	④	尾山篤二郎
(65)	③	6代吉徳	(90)	③	芥川龍之介
(66)	①	松尾神社	(91)	④	小鳥屋橋
(67)	③	三重	(92)	②	バルセロナ
(68)	②	柑橘類	(93)	②	横地石太郎
(69)	①	横着な	(94)	③	金陽堂
(70)	①	ポルトガル語	(95)	③	水登勇太郎
(71)	③	山科杏亭	(96)	②	大屋愷敆
(72)	①	箔合紙	(97)	①	井口在屋
(73)	④	デルフト窯	(98)	②	我尊会
(74)	③	津田左右吉	(99)	②	田中鈇吉
(75)	④	金岡宗幸	(100)	①	木村雨山

金沢検定 予想問題集 2019
北國新聞社出版局編

「最近の話題」から「ゆかりの人物」まで10ジャンルにわたり、「過去問」を含め、予想問題300を精選した。冒頭の「本書を活用する前に」は勉強の仕方を説いている。

変形四六判・257ページ・定価：本体1,111円＋税

金沢検定 予想問題集 2018
北國新聞社出版局編

金沢の歴史や美術工芸、食文化など10分野から、初級受験者が押さえておきたい基本的な問題を中心に300問を出題した。第13回検定の試験問題と解答も収録した。

変形四六判・260ページ・定価：本体1,111円＋税

金沢検定 予想問題集 2017
北國新聞社出版局編

初級受験者が押さえておきたい基本から上級者向けの問いまで、10分野に分けて300問を掲載した。第12回検定の試験問題と解答も収録した。

変形四六判・278ページ・定価：本体1,111円＋税

【改訂版】よく分かる 金沢検定受験参考書
北國新聞社出版局編

過去の試験問題などを参考に、「加賀藩政のポイント」や「偉人・著名人」など9章に分けて、金沢に関する基礎的な知識をまとめている。

四六判・290ページ・定価：本体1,238円＋税

【愛蔵版】ふるさときらめき館
北國新聞社編

石川と富山両県にある国指定と県指定の文化財860件を取り上げ、写真や図を添えて分かりやすく解説している。コラムも充実している。

A4判・920ページ・定価：本体20,000円＋税

【愛蔵版】ふるさと人物伝
北國新聞社編

ふるさとの歴史を刻んだ人物を紹介する豪華図鑑。石川、富山にゆかりの565人の人物を、古代・中世、近世、近代、現代の4つに区分し、まとめた。

A4判・778ページ・定価：本体20,000円＋税

【愛蔵版】石川・富山　ふるさと食紀行
北國新聞社編

石川、富山ゆかりの著名人や地元文化人ら128人の食のエッセーと、伝統料理や特産物、加工品、B級グルメのほか、風習についてビジュアルに解説している。

A4判・676ページ・定価：本体 20,000 円＋税

【愛蔵版】暮らしの歳時記 石川編・富山編
北國新聞社編

石川、富山県の年中行事や風習、神事、祭事などに光を当てた。婚礼や葬儀、和菓子、魚などの特集記事やコラムもあり、郷土の文化を掘り下げている。

A4判・石川編 380ページ、富山編 368ページ・定価：本体 20,000 円＋税

かなざわ旧町名復活物語　北國新聞社出版局編

非戦災の歴史都市、金沢だからこそ実現した全国初のまちづくりである旧町名復活。主計町から始まり20年を過ぎ、再び金石地区から始まった軌跡を検証している。

Ａ５判・192ページ・定価：本体 1,500 円＋税

いしかわの清流文化
北國新聞社出版局編

金沢の犀川、浅野川など、石川を流れる河川とせせらぎ文化を多角度から掘り下げた。士魂を磨いたとされる鮎釣りの今昔から金沢の三文豪の「清流礼賛」まで多彩に。

Ａ５判・208ページ・定価：本体 1,500 円＋税

鷹峯を越え 百万石文化 創成の群像
横山方子著

本阿弥光悦が京都・鷹峯の地に開いた芸術文化の一大拠点と、文化の大藩となった加賀藩・前田家とのつながりなどを石川や京都に残る史跡や資料から丁寧にひもといた。

A5判・191ページ・定価：本体 1500 円＋税

いしかわ 建築の博物館　水野一郎監修

伝統的な街並みや寺社、ユニークな外観の現代建築など、石川県内の建造物を余すことなく紹介した。県内8カ所にある重要伝統的建造物群保存地区（重伝建）もめぐる。

A5判・202ページ・定価：1500 円＋税

よみがえる金沢城１・２　金沢城研究調査所編

金沢御堂の時代から現在まで、城郭の移り変わりを
イラストや古絵図などを多用して再現する、金沢城
史の決定版。

A4判・〈1〉定価：本体 2,000 円＋税・〈2〉定価：本体 1,714 円＋税

図説 前田利家

図説前田利家編纂委員会編

加賀百万石の藩祖・前田利家の実像を、丹念に調べられた
研究成果を基に、豊富な図版・史料とともに紹介する。

B5判・152 ページ・定価：本体 2,000 円＋税

図説 金沢の歴史　金沢市発行・北國新聞社制作

金沢の歴史を原始・古代、中世、近世、近現代に区分し、
81 項目を解説する。まち歩きに便利な「金沢歴史散歩地図」
も掲載している。

A4判・184 ページ・定価：本体 2,381 円＋税

兼六園　石川県金沢城・兼六園管理事務所監修

兼六園の観賞ポイントや作庭の特長、歴史を詳説したガイ
ドブック。園内を 8 つのエリアに分けて、地図やカラー写
真とともに解説。四季折々の花なども紹介した。

四六判・180 ページ・定価：本体 1,300 円＋税

石碑でめぐる金沢歴史散歩　三田良信監修

泉鏡花、徳田秋声の文学碑や金沢の地名の由来が記された
金城 霊沢碑、歴史上の人物の業績を刻んだ碑など、金沢
市内の石碑 66 基を写真、地図入りで解説している。

A5判・210 ページ・定価：本体 1,500 円＋税

新 頑張りまっし金沢ことば

加藤和夫監修

北國新聞の人気連載をまとめた旧版をリニューアル。〝金沢
弁〟をめぐる最近の動きや、ミニ情報のコラムを加えた。

B6判・296 ページ・定価：本体 952 円＋税

北國文華 2020 年春 第 83 号
北國新聞社出版局編

石川の文化土壌を現代の視点から深掘りしたレポートやエッセーが満載された季刊文芸誌。2020（令和 2）年春の第 83 号は金沢にオープン間近の国立工芸館を特集。

A 5 判・292 ページ・定価：本体 1,600 円＋税

青木悦子の新じわもん王國 金澤料理　青木悦子著

料理研究家の著者が、50 年にわたって研究した金沢の郷土食をまとめた。かぶらずしをはじめ、加賀野菜の特色を生かした料理約 200 点を収録。

B5 判・152 ページ・定価：本体 1,905 円＋税

金沢・加賀・能登 四季のふるさと料理　青木悦子著

金沢をはじめとする石川の守り伝えたい食約 150 点を紹介した。レシピとともに、おいしい食を育む知恵と心が詰まっている。

B5 判・232 ページ・定価：本体 2,800 円＋税

【復刻版】金沢の風習　　　　　　井上雪著

年中行事や仏事、祭り、伝統食などの 50 話を通じて季節感あふれる金沢の生活を伝えている。昭和 50 年ごろの暮らしの風景が心温まる内容。

四六判・256 ページ・定価：本体 1,238 円＋税

北陸 近代文学の舞台を旅して
金沢学院大学文学部日本文学科編

金沢学院大学文学部日本文学科の教授、准教授が執筆し、明治から戦後までの小説や詩、短歌に焦点を当てた。21 作家の 28 作品を取り上げている。

A5 判・208 ページ・定価：本体 1,600 円＋税

恋する文学　ほくりく散歩
金沢学院大学文学部日本文学科編

金沢学院大学文学部日本文学科の教授、准教授が作品ゆかりの地を訪ね、背景などに迫った。北陸三県が舞台となっている五木寛之や唯川恵、宮本輝ら 17 氏の恋愛小説 28 作品を取り扱っている。

A5 判・208 ページ・定価：本体 1,600 円＋税

主な参考文献

◇『よく分かる金沢検定受験参考書』(時鐘舎) ◇『愛蔵版 暮らしの歳時記 石川編・富山編』(北國新聞社) ◇『愛蔵版 ふるさときらめき館 石川・富山の文化財』(北國新聞社) ◇『愛蔵版 ふるさと人物伝』(北國新聞社) ◇『石川県大百科事典改訂版 書府太郎(上・下)』(北國新聞社) 『デジタル書府太郎 石川県大百科事典』(北國新聞社) ◇『石川百年史』(石川県公民館連合会) ◇『石川県の歴史』(山川出版社) ◇『実録石川県史』(能登印刷出版部) ◇『石川県社会運動史』(能登印刷出版部) ◇『金沢市史 (通史編3近代)』(金沢市) ◇『科学技術の19世紀展図録』(石川県立歴史博物館) ◇『時代に挑んだ科学者たち―19世紀加賀藩の技術文化―』(北國新聞社) ◇『永井柳太郎』(勁草書房) ◇『近代日本のリベラリズム―河合栄次郎と永井柳太郎―』(文理閣) ◇『浅野川年代記』(十月社) ◇『卯辰山と浅野川』(平澤一著) ◇『津田式織機発明者津田米次郎』(塚田凡堂著) ◇『資料第四高等学校学生運動史』(総合図書) ◇『サカロジー―金沢の坂』(時鐘舎) ◇『加賀・能登の禅寺を訪ねて』(曹洞宗石川県宗務所) ◇『四季のふるさと料理』(北國新聞社) ◇『おもしろ金沢学』(北國新聞社) ◇『兼六園』(北國新聞社) ◇『まるごと金沢』(北國新聞社) ◇『徳田秋聲全集 別巻』(八木書店) ◇『新 頑張りまっし金沢ことば』(北國新聞社) ◇「北國新聞」連載「マジやばっ方言学」「マチかど方言学」◇『日本方言大辞典 (全3巻)』(小学館) ◇「もっと知りたい 金沢ふるさと偉人館―91人の偉人たち―」(公益財団法人 金沢文化振興財団、金沢ふるさと偉人館)

(順不同)

◇石川県、金沢市、金沢茶室総合案内、金沢市観光協会、金沢能楽美術館、各寺社などのウェブサイト

その他、各種全集・事典、新聞記事など

金沢検定予想問題集2020

2020年5月25日　第1版第1刷

発行所　時鐘舎

発　売　北國新聞社
〒920-8588　金沢市南町2-1
TEL 076-260-3587（出版局）
FAX 076-260-3423
E-mail　syuppan@hokkoku.co.jp

協　力　（一社）金沢経済同友会

ISBN 978-4-8330-2208-8
©時鐘舎　2020,Printed in Japan